地の果てのありえない物語

地の果てのありえない物語

地球最後の秘境
45のエピソード

クリス・フィッチ

1 スケルトンコースト
2 ファーニスクリーク
3 ニオス湖
4 ドームアーガス
5 結晶洞窟
6 アイスリーゼンベルト
7 イエローストーン
8 スンダルバンス
9 ガンケルプンスム山
10 ソンドン洞窟
11 ダリエン地峡
12 スッド
13 チャレンジャー海淵
14 北センチネル島
15 クルベラ洞窟
16 マリアウ・ベイスン
17 グリーンライン
18 チェルノブイリ立ち入り禁止区域
19 非武装地帯
20 ロッキーマウンテン・アーセナル国立野生動物保護区
21 オデッサのカタコンベ
22 更新世パーク
23 セントラリア
24 ガフサ湖
25 茅島 (モド)
26 ジャブカ
27 マラカイボ湖
28 銭塘江
29 ラアリーマ
30 エンプティークォーター (空虚の地)
31 マブ山の熱帯雨林
32 テネレの木
33 イニニ
34 カフェクルッベン島
35 イナクセシブル島
36 ダイオミード諸島
37 ハーシェル島
38 ソコトラ
39 ケープ植物区保護地域群
40 ビャウォヴィエジャ原生林
41 メルー国立公園
42 エンデバー川
43 テ・ウレウェラ
44 オカバンゴ
45 ヤスニ生物圏保護区

目次

はじめに 9

極限環境

スケルトンコースト 12
ナミビア、ナミブ砂漠

ファーニスクリーク 16
米国、デスバレー

ニオス湖 20
カメルーン、ニオス

ドームアーガス 24
南極、東南極高原

結晶洞窟 28
メキシコ、チワワ

アイスリーゼンベルト 32
オーストリア、ベルフェン

イエローストーン 36
米国、ワイオミング州

スンダルバンス 40
インド／バングラデシュ、ガンジス・デルタ

未踏の地

ガンケルプンスム山 46
ブータン、ヒマラヤ山脈

ソンドン洞窟 50
ベトナム、ソンチャック

ダリエン地峡 54
パナマ／コロンビア、ヤビサ～トゥルボ

スッド 58
南スーダン、ジョングレイ平原

チャレンジャー海淵 62
米国、グアム、マリアナ海溝

北センチネル島 66
インド、アンダマン諸島

クルベラ洞窟 70
ジョージア、アブハジア

マリアウ・ベイスン 74
マレーシア、ボルネオ島サバ州

人間の活動

グリーンライン 80
キプロス、国連緩衝地帯

チェルノブイリ立ち入り禁止区域 84
ウクライナ、チェルノブイリ

非武装地帯 88
北朝鮮／韓国、朝鮮半島

ロッキーマウンテン・アーセナル
国立野生動物保護区 92
米国、コロラド州コマースシティ

オデッサのカタコンベ 96
ウクライナ、オデッサ

更新世パーク 100
ロシア、北ヤクート

セントラリア 104
米国、ペンシルベニア州

奇妙な世界

ガフサ湖 110
チュニジア、ガフサ

茅島（モド）114
韓国、回洞（フェドン）

ジャブカ 118
クロアチア、アドリア海

マラカイボ湖 122

ベネズエラ、マラカイボ

銭塘江 126
中国、杭州

ラアリーマ 130
北アイルランド、バリーキャッスル

隔絶された場所

エンプティークォーター（空虚の地） 136
サウジアラビア／オマーン／
アラブ首長国連邦、サラーラ～ドーハ

マブ山の熱帯雨林 140
モザンビーク、マブ山

テネレの木 144
ニジェール、テネレ砂漠

イニニ 148
仏領ギアナ、サンテリー

カフェクルッベン島 152
グリーンランド、ピアリーランド

イナクセシブル島 156
南大西洋、トリスタン・ダ・クーニャ

ダイオミード諸島 160
米国／ロシア、ダイオミード

ハーシェル島 164
カナダ、ユーコン

大自然の荒野

ソコトラ 170
イエメン、アデン湾

ケープ植物区保護地域群 174
南アフリカ、ケープタウン

ビャウォヴィエジャ原生林 178
ポーランド／ベラルーシ、ビャウォヴィエジャ

メルー国立公園 182
ケニヤ、メルー

エンデバー川 186
オーストラリア、クイーンズランド州クックタウン

テ・ウレウェラ 190
ニュージーランド、ワイロア

オカバンゴ 194
ボツワナ／アンゴラ、オカバンゴ・デルタ

ヤスニ生物圏保護区 198
エクアドル、ユトゥリ

参考文献 202

謝辞 204

PICTURE CREDITS 205

索引 206

はじめに

「野生は必要不可欠だ」。ナチュラリストのジョン・ミューアは主張した。随筆家ヘンリー・デイビッド・ソローもまた、「人間には野生の強壮剤が必要だ」と熱く語っている。これらはあまりにも有名な言葉だが、昔から、人間には大自然と関わり合うことが必要だと熱く説く自然主義者たちは数多く、彼らの残した厳しい発言は枚挙にいとまがない。同時に、その大自然が新たな脅威に直面していると訴える文章もまた、数多い。人間の手で自然の理想郷を作り出そうなどという夢物語はつい最近の話だと思うかもしれない。だが、すでに19世紀初頭には、詩人ウィリアム・ワーズワースら時代を代表する思想家たちが、口々に怒りの声を上げていた。彼らを魅了してやまない大自然を傍若無人に征服し支配しようなどという、無神経な振る舞いは許しがたかった。

それから200年、「目の前にある自然をほとんど見ようともしない」というワーズワースの言葉が、いよいよ説得力を増している。どちらを向いても世界は開発し尽くされ管理されている。樹木は切り倒され、海は汲み出され、野生動物たちは根絶やしにされた。鎖に繋がれ、飼い慣らされて、真の野生はすっかり骨抜きにされてしまった。以前は空白だった地図は無秩序に増殖した道路や畑や都市で埋め尽くされた。現代を迎え、今や全く新しい地質学的年代の幕開けが高らかに宣言されようとしている。「人新世（Anthropocene）」、人間の時代。人類は、我こそが地球を支配する最強勢力であると、名乗りを上げたのだ。

しかし、それでもなお、計り知れぬ未開の地に心奪われることがないだろうか？　遠く見知らぬ国の、神秘と謎に満ちた場所。はるかなる野生の情景が私たちの心を揺さぶり、旅へと駆り立てる。かつて"発見の時代"に、人々は水平線の彼方にある新しい世界を求めて大海原へと乗り出した。時代はすっかり変わっても（それが悪いわけではないが）、理由は何であれ"手つかずの"と言えるような、自然の手に委ねられたままの場所が全く残っていないというわけではない。そんな場所は、私たちのほとんどが暮らす世界に"進歩"の手が伸びて、均質で単調な風景へと塗り替えられて行くときにも、従うことを拒み、忍び寄る開発の足音に頑なに背を向ける。

本書は、地球上に残る大自然や手つかずの場所を単に網羅したものではない。読者に堪能していただきたいのは、野生と魅力にあふれる45の物語だ。遠く隔絶された絶海の孤島、未登頂の山々や人跡未踏の原野、原始そのままの未開の密林、灼熱地獄や人食いトラの潜む苛酷な場所、そして自然の威力の前に打ち捨てられ、草木に覆われ、そして自然の手のもとに還った、都市や人間の創造物。そこにまつわる物語が、添えられている端正で詳細な地図と共に、読者の好奇心と想像力を掻き立ててくれることだろう。

極限環境

南緯23度59分46秒
東経14度27分27秒

スケルトンコースト

ナミビア
ナミブ砂漠

「こんな土地で島流しになるぐらいなら、死んだほうがましだ。」

スウェーデンの探検家、チャールズ・ジョン・アンダーソンはためらうことなく切り捨てた。ナミビアのスケルトンコースト（骸骨海岸）に上陸しようかと話し合っていた時のことだ。

だが、はなから船乗りたちに選ぶ権利などあろうはずもなく、この荒涼たる海岸は無情にも、彼らにまず流罪を宣告し、そして死刑を執行した。

「スケルトンコースト（骸骨海岸）」。ナミビアの南大西洋沿岸北部に位置するこの海岸の名を世に広めたのは、1944年に発表されたジョン・ヘンリー・マーシュの小説『スケルトンコースト』だった。1942年にこの海岸で難破し、奇跡的に乗員乗客の全員が救助された貨物船ダニーディン・スター号の驚異の物語だ。

かつて、勇敢で向こう見ずな船乗りたちが、ヨーロッパとアジアを結ぶ新しい航路を開こうと荒海に乗り出した。今では喜望峰として有名な、アフリカ大陸南端を回る長くて危険に満ちた航海だ。以来500年間、いくつもの遭難物語が繰り返されてきた。その中でダニーディン・スター号の顛末はまれに見るハッピーエンドだ。

それでも、マーシュのタイトル選びは見事にはまった。元々は海岸に打ち上げられ野ざらしになっている鯨の骨を指した名が、小説の発表以降は、漠々と荒れ果てた大地を彷徨って息絶えた遭難者たちを意味するようになったのだ。

ナミビア沿岸の海域で船が遭難するのは当然の成り行きだ。海上に深く立ちこめた濃霧、大西洋に吹き荒れる強風、そして激しいベンゲラ海流とが相まって、船は抗いようもなく浅瀬へと押し流され、浜に打ち上げられてしまう。この荒海の犠牲となった船はダニーディン・スター号だけではない。中でも有名な例は1909年に座礁したエドゥアルド・ボーレン号だろう。

砂丘はとどまることを知らず、海岸線が絶えず変化する。エドゥアルド・ボーレンは、難破から100年以上経った今、水際から数百メートルほども内陸に錆びついた船

極限環境　13

体を横たえている。砂丘だけが幾重にも連なる茫漠たる光景の中に忽然と現れるその姿は、スケルトンコーストの冷酷さをまざまざと見せつける。

世界のどこで難破しても、危険であることに変わりはないし、決してありがたくはない体験だ。だが、スケルトンコーストでの難破となれば全くの別次元だ。猛り狂う波にもみくちゃにされ、命からがら浜にたどり着いた船乗りたちがそこで目にするのは、自分と同じ運命をたどって打ち上げられた難破船が累々と砂上に横たわる光景だ。日中は灼熱地獄、夜間は氷点下にまで気温が下がる極端な気候に加え、降水量は限りなくゼロに近く、真水を手に入れることはほとんど不可能だ。生還の見込みは絶望的といえるだろう。

遭難した船乗りの多くは正気を失い、やがて海水を口にする。脱水症から死に至る片道キップだ。海岸を離れ、助けを求めて内陸へと向かった者は直ぐに思い知る。人のいる場所にたどり着くまでには、果てしなく連なる砂丘と何一つ動くものの無い岩だらけのナミブ砂漠が、数百キロにわたって横たわっているのだ。大勢の船員たちが果てしなく広がる不毛の大地を延々とさまよい歩いた挙げ句、非情な自然の前に力尽きていった。

そんな土地でも故郷と呼ぶ人々がいるのは驚きだ。遊牧民族ダウナ・ダマン（"砂の平原に住む海辺の人々"の意味）だ。彼らはこの苛酷な環境で生き抜く術を身につけた。海辺で狩猟採集し、鯨やアザラシや魚など打ち上げられているものは何でも食べた。鯨の骨や石など、さまざまな漂着物で原始的な小屋を建て、変わりやすい海岸地帯の悪天候から身を守った。

今では、霧深い不吉なナミビア沿岸海域も最先端技術のお陰で安全に航行できるようになり、為す術もなく岸に打ち上げられるようなことはほとんどなくなった。それでも、この海域の自然が極めて危険であることには変わりない。漆喰で作ったドクロマークが不気味に笑う巨大な警告標識の前を、冒険好きな旅人たちが通り過ぎてゆく。隔絶された地の果ての砂浜でゆっくりと朽ち果てる運命の、さび付いて無残な姿を曝す難破船も、彼らにとっては大した脅しにはならない。それでもせめて、なにがしかは役に立っていると思いたいものだ。

右：エドゥアルド・ボーレンの残骸にスケルトンコーストの暗い過去が蘇る。

極限環境　15

北緯36度27分29秒
西経116度52分15秒

ファーニスクリーク

米国
デスバレー

「よお、みんな、どうやら金鉱を掘り当てちまったらしいぜ！」

1848年1月、カリフォルニア州サクラメントバレーにあるジョン・サッター製材所でジェームズ・マーシャルが金を発見、凄まじいゴールドラッシュの幕が切って落とされた。マーシャルやサッター、その他現場に居合わせた者どもは世間に漏れることを恐れて口を閉ざしていたにもかかわらず、金鉱発見の噂は瞬く間にアメリカ中を駆け巡った。国中から一攫千金を夢見る人々が何もかも放りだして西へと殺到した。カリフォルニア州の人口は急増し、1000人ほどだったサンフランシスコの人口はわずか2年で2万人を超えるほどに膨れあがった。

1849年にカリフォルニアを目指して真っ先にやって来たのは「フォーティナイナーズ」と呼ばれた人々だ（アメリカンフットボールのプロチーム「サンフランシスコ49'ers」の名称はこれにちなむ）。彼らのほとんどが荒野でのサバイバル術など身につけていなかったのに、猛暑と極寒の繰り返しにひたすら耐えなければならない西への旅路は初心者向きとはいえなかった。目的地にたどり着くには、ソルトレイクシティからシェラネバダ山脈を越え、太平洋へと到達するコースを取るほかなかった。金鉱探したちはチャンスを逃してなるものかと、先を争ってシェラネバダへと急いだ。冬がやって来て雪で山道が閉ざされてしまう前に、なんとしても山越えする必要があったのだ。

サン・ホアキン（サンドウォーキング）カンパニーの幌馬車隊は、旅の終点に待つ黄金色の宝の山しか頭になかったし、ここで諦めることなど思いもよらなかった。1849年10月、一行がソルトレイクシティに到着した頃には山越えの適期はとうに過ぎてしまっていた。彼らはシェラネバダ山脈の南側を迂回する古いルートを通って目的地を目指すことにした。「オールドスパニッシュトレイル」と呼ばれていたそのルートについて、よく知る者はいないものの、冬の間中、足止めをくらうことは避けられる。400人を超える人々を乗せた110台

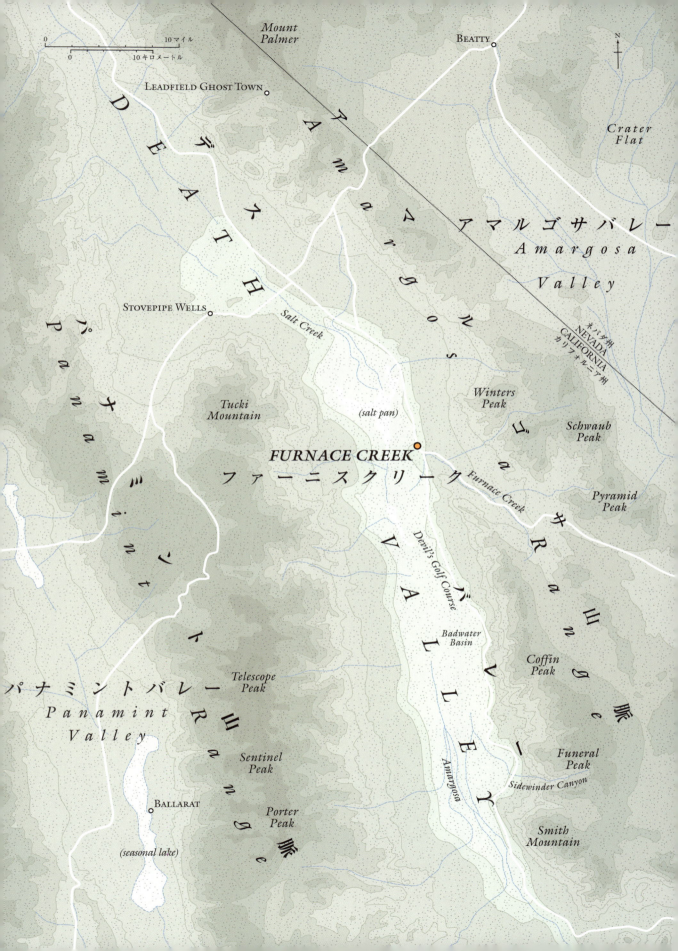

右：デスバレーのファーニスクリークは世界最高の地表温度を記録している。

の幌馬車が一斉に出発した。ところが、砂漠を横断して北へ向かえば800キロメートルほど近道できるらしいという情報が彼らの判断を狂わせる。一行の中にはかねてよりスローペースにいらだっていた者が大勢いて、この近道の話に飛びついた。

結局はほとんどの人が元のルートに戻ったが、一握りの頑固な連中は荒涼とした不毛の砂漠地帯をひたすら前進し続けた。やがて数週間が経ち、1カ月余りが過ぎていった。オールドスパニッシュトレイルを外れたあたりから先は1枚の大雑把な地図だけが頼りだった。さまよえるフォーティナイナーズがたどり着いたのは、現在ではファーニスクリークと呼ばれる場所だった。

そこは海抜マイナス58メートル、世界で最も低い場所の一つで、年間降水量は50ミリにも満たない。不毛の荒野を越えて2カ月に及ぶ苛酷な旅に耐えてたどり着いたのが、こんな土地だったとは。連れてきた牛たちは衰弱してもう一歩も歩けそうもなかったし、荷馬車もガタガタだった。彼らの前には険しいパナミント山脈が立ちはだかり、行く手には地平線の彼方まで延々と続く乾き切った谷底があるだけだった。2人の若者が402キロメートルの道のりを踏破してサンフランシスコ農場にたどり着き、食糧を積んで一行の元に戻ってきたのは1カ月後のことだった。こうしてフォーティナイナーズの一行は地獄の苦しみから解放された。ついに砂漠から脱出することになった時、一行の一人がこう、叫んだという。「さらば、死の谷（デスバレー）よ」。

今も荒涼とした大地が広がるデスバレーは、総面積1万3000平方キロメートルを超える米国第2の国立公園となっている（第1

位はアラスカのランゲル−セントエライアス国立公園。デスバレーの4倍以上の総面積を有する雄大な公園だ）。ゴールドラッシュ以来、次々と道路が整備され、小さな町が建設されたが、荒々しい大地の91パーセントが自然保護区域に指定され、未だ手つかずのままだ。そこには深い渓谷や干からびた塩原、灼熱のモハーベ砂漠、そして全長251キロメートルに及ぶデスバレー全域が含まれる。多彩な野生生物の宝庫で、サバクゴファーガメやサバクツノトカゲといった虫類から、コヨーテやボブキャット、マウンテンライオンなどの捕食動物まで、さまざまな生き物たちが極端な自然条件に適応して生きている。

　この苛酷な大地はネイティブアメリカンのティンビシャ・ショショーニ族の故郷だ。彼らはヨーロッパ人が入植するずっと以前からこの土地で暮らしていた。この地域一帯を季節ごとに移動しながら、そこに自生する松の実やメスキートビーン、その他の果物や植物、種子などを食べて生きてきた。そんな彼らも、現在は50〜60人ほどが暮らすのみである。

　あの悲惨な旅も、最悪な事態には至っていなかったと言われても、フォーティナイナーズには何の慰めにもならなかっただろう。終始深刻な水不足には苦しんだかもしれないが、旅の時期が晩秋から初冬にかけてだったことは彼らにとってせめてもの救いだった。もし、デスバレー横断を真夏に敢行していたなら、一行は凄まじい酷暑に襲われていただろう。1913年7月10日にこの地で56.7℃という世界最高気温が公式に観測され、1972年7月15日には94℃というとんでもない地表温度が記録されている。

極限環境　19

ニオス村
NYOS VILLAGE

スブム村
SUBUM VILLAGE

CHA VILLAGE
チャ村

0　　　　　　　　　　1000 ヤード
0　　　　　　　　　　1000 メートル

ニオス湖
LAKE NYOS

火山クレーターの辺縁
rim of volcanic crater

N

水深と毒性の強さ

-25　-50　-75　-100　-125　-150　-175　-200　-225　メートル

→　1986年8月の湖水爆発時における
　　有毒ガスの流出経路と被災地域

北緯6度26分16秒
東経10度17分52秒

ニオス湖

カメルーン
ニオス

> "夜が明けると、人々はこの世の終わりのような凄惨な光景を語り始めた。"

1986年8月21日木曜日、カメルーン北西部の村、ニオス。農民は市場へ、子どもたちは学校へと出かけ、人々はいつもと変わらない一日を過ごした。何から何まで、ごくありふれた一日だった。ところが午後9時頃、一日中激しく降り続いていた雨がやっと上がった時だった。月明かりの中で静かにきらめいていた近くのニオス湖の湖面がにわかに波立ち始めた。突然、水面を破って大爆発が起こり、満点の星空に水柱が高く噴き上がった。

ニオス湖は、誰にも気づかれることなく、恐ろしい秘密を隠していた。大量の二酸化炭素を含んだ水を長い年月をかけて湖底に溜めこんでいたのだ。このガスは湖の地下約80キロメートルの深さに存在するマグマ溜まりから発生し、湖底からしみ出して湖水に溶け込んでいる。このような現象が起こるのは、この湖が特殊な場所にあるからだ。カメルーンのオク火山帯を構成し、活動を休止している火山の裾野に位置しているのだ。

二酸化炭素を高濃度に含む水は周囲の水よりも重い。湖底深くに留まり、時を経るにつれてじりじりと水圧を増していく。水圧はどんどん高まり、ついには二酸化炭素濃度が飽和点に達した。何らかの出来事を切っ掛けに、二酸化炭素は一気に水面へ向かって急上昇を始め、勢いよく湖面から噴出。およそ160万トンの二酸化炭素が周辺の大気中に放出されたというわけだ。通常、希薄な二酸化炭素は人体に無害だが、濃度が高くなると二酸化炭素中毒を引き起こす。濃く重たいガスの塊は低く垂れ込めて地表近くに溜まる。恐ろしいことに、目に見えない上に極めて危険で、人間や生き物を窒息させ、酸欠死に至らしめるのだ。

湖面から湧き上がった有毒なガスの塊は音もなく滑るように周辺の谷に流れ込み、時速100キロメートルのスピードで谷間の村を次々にのみ込んでいった。運よく山裾の高い場所にいた人々はガスが薄かったため助かった。大勢の村人が、腐った卵や火薬のような匂いがしたと証言している。だ

極限環境　21

が、ガスは下ニオス、スブム、チャ、ファンの村々を完全に覆い尽くした後、やがて夜のしじまの中へと溶け込んで、跡形もなく消え去ってしまった。

　夜が明けると、生き残った人々はこの世の終わりのような凄惨な光景を語り始めた。村々は死体であふれていた。その多くは眠ったまま息絶えていたが、通りを歩いていて倒れた者もあった。なんと、1746人もの人々が有毒ガスで命を落とし、その9割以上がニオス村の住民だった。牛などの家畜8300頭あまりも犠牲となり、数千人を超える人々が一夜にして生活の糧を失った。住み慣れた土地を追われた人々は1万5000人に上る。

　有害なほど大量の二酸化炭素を含み、危険な湖水爆発を引き起こす恐れがあるとされる湖は世界に3つ存在する。ニオス湖はその1つだ。あとの2つは、ニオス湖の南東96キロメートルにあるマヌーン湖と、ルワンダとコンゴ民主共和国の国境にまたがるキブ湖だ。ニオスとマヌーンの二つの湖はいずれもカメルーン火山列上に位置している。全長1600キロメートルに及ぶこの火山列は、大西洋に浮かぶアノボン島から北へ島国サントメ・プリンシペを通って内陸へと連なり、カメルーンとナイジェリアの国境に沿って自然の境界を形成している。ニオス湖の爆発よりわずか2年前にマヌーン湖も爆発を起こしていたのだが、死者が37名とずっと少なかったためか、ほとんど注目されていなかった。

　ニオス湖の大惨事によって、このような特異な地形が住民の命を危険にさらす可能性があるという認識が飛躍的に高まった。しかし、またいつ何時、同じ悲劇が繰り返されないとも限らない。翌年、フランス環境省はこうした災害への対策として「ニオスのオルガンパイプ」と呼ばれるプロジェクトを提案した。

　複数のガス抜きパイプを湖に設置するという大がかりな計画だ。10年をかけて実験を重ねた結果、ニオス湖の二酸化炭素濃度が再び危険なレベルにまで上昇しつつあることが判明。計画は前倒しとなり、2001年に最初のパイプを設置、さらに2011年に増設を行った。プロジェクトが成功すれば、これらのパイプが湖深層部の圧力を解放し、理論的には二酸化炭素の蓄積が抑制されて1986年のような災害の再発を防止できるはずだ。

　ニオス湖畔は豊かで肥沃な土壌に恵まれているため、今もおよそ1万人の住民が危険を承知で暮らしている。彼らはプロジェクトの行方を祈るように見守っている。

上：一見穏やかなニオス湖だが、恐ろしい秘密を隠し持っている。

極限環境

ドームアーガス

南極
東南極高原

南緯80度22分0秒
東経77度21分0秒

"寒い、恐ろしく寒い。ドームアーガスはとにかく寒い。"

南極大陸で生き残るには壮絶な極限環境に耐えなければならない。特に気温はめまぐるしく変動し、夏は−20℃、冬ともなれば−60℃にまで急降下する。19世紀後半から20世紀前半の"大航海時代"に極地を目指した果敢な探検家たちにとって、これは重大な問題だった。

1912年のロバート・スコット船長率いるテラノバ号の探検隊をはじめ、エドワード朝時代の名だたる探検家たちが南極の厳しい寒さの中で命を落とした。それ以前にも、その後にも、同じ運命をたどった先駆者たちは多い。つい最近の2016年1月にも、英国の探検家ヘンリー・ワースリーが悲惨な死を遂げている。

彼は先人アーネスト・シャクルトンが果たせなかった無支援単独での南極大陸横断に挑戦しようと出発、ところがゴールまであとわずか48キロメートルの地点で脱水と栄養不良に陥ってしまう。飛行機で救出されるも、チリのプンタアレナスにある搬送先の病院で死亡した。死因は冒険の途上で感染した細菌性腹膜炎。最果ての南極大陸でのサバイバルは闘いの連続だ。疲労や絶望、予測不能の激しい天候、足下に潜むクレバス、食糧や燃料を確保するための努力。そして寒さが体力を奪い去る。

ドームアーガスは東南極高原の中央に位置する高地で、標高4000メートルを超える、南極の中でも途方もない低温になる場所だ。2010年8月10日、ここで世界最低気温の記録が更新された。それは−93℃という信じがたいもので、1983年7月21日にロシアの南極観測基地、ボストーク基地で観測された記録−89℃を塗り替えた。ドームアーガスでの記録はボストーク基地の場合とは違い、NASAの地球観測衛星ランドサット8号の熱放射線センサーで観測したデータ数年間分を分析し、特定した数値である（現在の世界最低気温の公式記録は、ロシアの科学者が計測したボストーク基地の測定値を採用）。

「この氷の尾根は標高が高いことから、きっとボストーク基地以上の極寒の地だろ

地の果てのありえない物語

うと予想していました」。こう話すのは米国雪氷データセンターの主席研究員テッド・スカンボスだ。「大気が安定した日が長く続くと、熱が地表から大気圏外へと放出され続け、地球上で観測できる最低気温に達します。私たちは、極端な気温低下が起こる特別な地点があるのではないかと考えていたのですが、実際には南極の広い帯状の高地でこうした記録的な気温の低下が定期的に起きていました」。

そんな酷寒の地にたった一人で放り出されたくはないものだ。これほどの低温にさらされれば人間の体はひとたまりもない。数分もせずに完全に機能停止してしまう。

こうした厳しい環境下で働く南極の研究者たちは特殊な防寒服に身を固めている。装備には、地球上で最も苛酷な場所で人命を守るための先進技術が何重にも施されている。「私はそんな寒さを経験したことなどないし、経験しないで済めばそれにこしたことはありません」とスカンボスは続けた。「息をするのも辛いでしょう。気管や肺が凍ってしまわないよう、息を吸う時には特に細心の注意が必要なのです」。

地球全体ではともかくとしても、南極について言えば−93℃を下回ることはないだろう。これほどの高所でも、地表から大気圏外への熱の放散を空気の層が妨げるた

め、温度低下には物理的な限界があると考えられるからだ。

　南極大陸には氷床が形成する3つの巨大な丘がある。ドームチャーリー、ドームワルキューレ（またの名をドームフジ）、そしてドームアーガスだ。中でもドームアーガスは南極大陸で最も苛酷な環境にある。南極点とランベルト氷河（全長400キロメートルを超える世界最大の氷河）の起点とのほぼ中間に位置し、厚さ2400メートルを超える氷床の表面に荒涼とした不毛の平原が広がっている。この分厚い氷層の下には、標高2700メートルに達する峰々が1200キロメートルにわたって連なるガンブルツェフ山脈が隠れている。そもそも東南極平原は標高が高く、降水量が極めて少ない。世界で最も乾燥した場所の一つだ。だが平原の周辺地域では時折降る雪が氷河を形成し、海岸に向かって四方八方に流れ下る。斜面に沿って吹き降ろす風が急激に勢いを増し、風速320キロメートルにまで達する。この下降気流が周囲の雪を巻き上げて、巨大で強力なブリザードを引き起こし、数日から数週間にわたって吹き荒れるのだ。

　地球上で唯一、人間が定住しなかった南極大陸。この荒涼たる大地ほど、近寄りがたく、苛酷な場所は他にないだろう。

下：南極大陸の苛烈な低温環境に、人間は全く歯が立たない。

北緯27度51分3秒
西経105度29分49秒

結晶洞窟

メキシコ
チワワ

"まるで釜ゆでのような洞窟の中で兄弟は命を守るのが精一杯だった。"

フランシスコ・ハビエル・デルガドは思わず立ちすくんだ。こんな地底の奥深く、鼻をつままれても分からない漆黒の闇の中で、まさかこんなに強烈な輝きに照らし出されようとは。光はとても強く、巨大な目が射るようにじっとこちらを見つめていた。

2000年4月のこと、フランシスコ・ハビエルと弟エロイはナイカ鉱山で試験採掘を進めていた。メキシコ北部、チワワ州の南東部に位置するこの一帯は銀、鉛、亜鉛の有名な産地で、200年以上にわたって採掘が続けられてきた。鉱石の年間採掘量は100万トン、銀170トンや鉛5万トンなどが含まれる。

デルガド兄弟が探り当てたのは、そうした豊かな鉱脈をはるかに超える素晴らしいものだった。地下300メートル近くに達した時だった。洞窟内がますます暑く、湿気を増して耐え難くなる中、フランシスコとエロイは岩の割れ目に出くわした。ライトが当たるたびにダイヤモンドのようにきらめく。穴は狭かったが、フランシスコはなんとか体を押し込んで進み、エロイもそれに続いた。こうして兄弟は、まだ誰も足を踏み入れたことのない洞窟の発見者となった。後にオホ・ド・ラ・レイナ、スペイン語で"女王の目"と名付けられた場所だ。

そこには見たこともない見事な光景が広がっていた。差し渡し8メートルほどの空間を巨大な柱状結晶がびっしりと埋め尽くしていたのだ。さらに洞窟の奥へと進んだ二人は、とんでもない大発見をすることになる。行く手に現れたのは遙かに大きな空間だった。「クエバ・デ・ロス・クリスタレス（結晶洞窟）」である。長さおよそ27メートルのU字型の大空間には、洞窟の床や天井、側面から巨大な結晶が無秩序に突き出していた。短いものでも6メートル、最も大きなものになると長さ11メートル、幅60センチメートルに達する。この規模を超える柱状結晶は未だに世界中どこにも見つかっていない。これより少し浅い場所に、1メートル前後の結晶で覆われている

極限環境　29

「クエバ・デ・ラス・エスパダス（剣の洞窟）」があることは100年程前から知られていたが、これほどまでに巨大な結晶は未だかつて誰も見たことがなかった。

　50℃を超える暑さと100パーセントに達しようという湿気で洞窟内部の環境は苛酷を極め、兄弟は2～3分以上は留まることができなかった。まるで釜ゆでのような洞窟の極限環境の中では命を守るだけで精一杯、それ以上の調査継続はほとんど不可能だった。

　公式な探査が始まったのは翌年になってからだった。洞窟にある程度長く留まるためには、特殊な防護服「トロメア・スーツ」や、肺に冷気を送り込む保護マスク「シノシット・レスピレーター」で装備する必要があったからだ。こうした装備のお陰で、命が危険にさらされる苛酷な環境でも最長60分間留まることが可能となり、歴史に残る科学調査に大勢の地質学者や洞窟学者たちが一番乗りを果たした。装備無しに踏み入れば、この空前絶後の地底世界では数分もせずに窒息してしまっただろう。実際、その後無謀にも結晶を盗み出そうと洞窟に入り、そうした運命をたどった者は一人ではない。

　洞窟を埋め尽くしているのはセレナイトと呼ばれる透明な石膏の結晶だ。洞窟内部が極端な高温に保たれていたことが、このような記録破りの大きさにまで結晶を成長させたと考えられている。およそ2600万年前、ナイカ鉱山の岩盤を構成する石灰岩層が古い断層の上に形成されたという。その地下にはマグマ溜まりがある。50万年の歳月をかけて、硬石膏が岩盤の空洞を満たし、やがて周囲の岩盤が冷えるにしたがってゆっくりと溶解、今日見られるセレナイトの結晶へと変化した。マグマ溜まりから常に熱せられ、洞窟内の温度が極めて安定していたことで、これほど大きな結晶へと成長した。そこは今も苛酷で容赦なく、人知の及ばない場所であり、現代の最先端技術をもってしても人間が生き延びることはほとんど不可能な領域なのだ。

　人間の行為が洞窟に大きな影響を及ぼす以前の結晶は、もっと大きかったと考えられている。これらの巨大結晶は洞窟が完全に水没している間に成長したものだ。採掘のためにポンプで水が汲み出された結果、結晶は初めて空気に触れ、それ以来、年月と共に崩壊を続けているのだ。だが、再び成長の力を取り戻す可能性はある。現在進められている採掘が終了すれば、排水が中止され、洞窟はまた完全に水没するだろう。「女王の目」や「結晶洞窟」など、ナイカ鉱山の地下に広がる驚異の地下世界は再び人間界とのつながりを断ち、原始の地底へと還るのだ。

上:「結晶洞窟」を埋め尽くす巨大結晶は長さ11メートル、幅60センチメートルにも達する。

極限環境

アイスリーゼンベルト

オーストリア
ベルフェン

北緯47度30分11秒
東経13度11分25秒

"彼はがれ場をよじ登ると、未知の世界へと足を踏み入れた。"

山道を登っていくと、固く閉ざされた木の扉が見えてくる。そこにたどり着く前から、周囲の暖かい空気が扉の中へと吸い込まれていくのを感じる。分厚い防寒服を着込んだ係員が扉に近づき、かんぬきを外すと、勢いよく扉が開く。いきなり、凍えるような突風が山の地底深くから一気に吹き上げて、見学者が手に提げたランタンの火をかき消す。思わずうつむいて大急ぎで火を灯すと、人々は凍てつく闇の中へと足を踏み入れる。ここはただの洞窟ではない。永遠に氷の溶けない地底の迷路、世界最大の氷の洞窟だ。

中に入ると、ランタンの明かりに照らされた氷の粒々がキラキラときらめく。湿った床が艶やかに輝き、壁は燦然と光を放つ。迷路の奥深くへと進むにつれて、高くそびえる氷柱やつらら、凍り付いた滝など、見事な天然の造形に目を奪われる。この世のものとは思えない巨大な氷の彫刻が光を反射して鮮やかな瑠璃色に輝く。先に行くに従って枝分かれし、次第に狭くなる洞窟をたどり、山の地底を奥へ奥へとよじ登る。標高1700メートルほどの地点にたどり着いた時、突然目の前に壮大な「氷の宮殿」が現れる。壁は厚さ7メートルを超す氷で覆われ、大きく窪んだ天井まで高さ100メートルほどもある。

1874年、自然研究家のアントン・フォン・ポッセルト-チョリヒは、狩猟仲間とザルツァッハ渓谷にあるテンネン山塊西側の断崖の上を探索していた。それは標高1600メートルを超えたあたりを歩いていた時だった。ホッホコーゲル山の西壁に漏斗状の穴がぽっかりと口を開けている。彼はがれ場をよじ登ると、未知の世界へと足を踏み入れた。穴の奥へ数百メートルほど進んだ時、目の前に驚くべき光景が広がった。音もなく静まりかえった巨大な空間を"氷の彫刻"がびっしりと埋め尽くしている。「アイスリーゼンベルト」（ドイツ語で"巨大な氷の世界"）発見の瞬間だった。

ポッセルト-チョリヒはその発見を『アルペン協会年報』に発表した。しかし、長

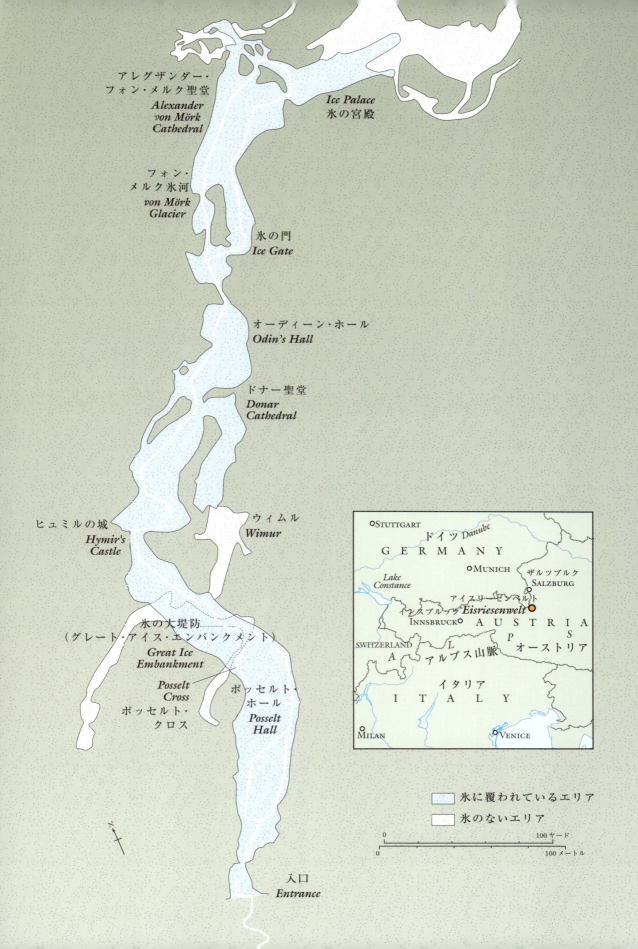

右：世界最大の氷の洞窟、アイスリーゼンベルト。そのうち900メートルほどが氷に覆われている。

い間顧みられることはなく、洞窟に立ち入る者もなかった。1912年になって、若き美術学生で洞窟探検家の草分けアレグザンダー・フォン・メルクがポッセルト-チョリヒの報告を発見。その調査を引き継いで洞窟のさらに奥深くへと分け入り、かつてポッセルト-チョリヒの前に立ちはだかった氷の壁の突破に成功した。フォン・メルクは仲間の洞窟学者とチームを組み、繰り返し洞窟を訪れては広大な内部を探索して「氷の宮殿」など数々の発見をした。彼が見つけた地底湖は躍動感に満ち、山の内部に吹き荒れる風に激しく波立っていた。

しかしフォン・メルクは第1次世界大戦で前線に送られ、あえなく戦死。洞窟の探索も中断されたままとなった。戦後、バルター・チェルニッヒやフリードリッヒとロベルト・エーデルなど、彼と同世代の研究者たちが調査を再開し、洞窟の奥深くへと探索の足を伸ばしていった。1920年9月、アイスリーゼンベルトは最初の観光客を迎えることになり、見学者のために氷の洞窟への入り口が整備された。フォン・メルクこそ、この洞窟の実質的な発見者だとする

見方が多い。1925年には本人の遺志により、彼の遺灰が洞窟内に葬られた。

今では年間15万人の観光客が洞窟を訪れる。洞窟内の気温は一年を通して常に0℃を上回ることはなく、見学には厚手の暖かな服装が必要だ。氷に覆われているのは入り口から氷の宮殿までの900メートルほど。それより奥に氷は無く、石灰岩の狭いトンネルがおよそ40キロメートルにわたって続き、その大部分は未だに詳しい調査が行われていない。洞窟が氷で覆われたのはそれほど遠い昔のことではない。最も古い氷層でも1000年ほど前にできたものだが、洞窟そのものは5000万年から1億年前に形成されたと思われる。2010年に行われた調査では、洞内の表面積2万7000平方メートルに相当する範囲のスキャンに成功。これによって262台のカメラを使った映像を作成し、15分間のバーチャル"フライスルー"を体験できるようになった。観光客は闇の中で凍えることなく、家に居ながらにして快適に洞窟探検が楽しめるというわけだ。ポッセルト-チョリヒやフォン・メルクには全然物足りないことだろう。

北緯44度27分38秒
西経110度49分41秒

イエローストーン

米国
ワイオミング州

「カルデラは徹底的に破壊し尽くされ、その惨状は想像を絶するだろう。」

　大勢の人々がその瞬間をとらえようとカメラを構え、今や遅しと待っている。空気は熱く、立ちこめる硫黄の匂いが鼻を突く。辺りにはこの世の終わりかと思わせる風景が広がり、ところどころに湧き上がる水蒸気の柱が陽射しを浴びてきらめいている。ついに、目の前の噴出孔がにわかに活気づいたかと思うと、沸騰した熱水が地面から猛烈な勢いで噴き出し始める。40メートルの高さにまで噴き上がった熱水は、霧の雲となって空中を漂い、やがて静かに地面へと降り注ぐ。

　間欠泉「オールド・フェイスフル」では数分間にわたって次々と熱水が吹き出す。直下の地中深くで圧力が高まるたびに小規模な噴出が起こり、圧力が小出しに解放されるのだ。このような熱水現象は、酸性の泥がぐつぐつと湧き上がるマッドポッドや、「マンモス・ホットスプリングス」に代表される石灰分がつらら状に蓄積したトラバーチン（石灰華段丘）など、周辺に1万カ所以上ある。世界的に知られる熱水泉「グランド・プリズマティック・スプリング」は鮮やかな七色に輝き、この辺りの風景の中では文字通り異彩を放つ存在だ。

　超巨大火山「スーパーボルケーノ」。ハリウッドのパニック映画の中だけに登場する言葉だと思われているが、実は地球上に数カ所、現実に存在する。スーパーボルケーノとは、その噴火規模が火山爆発指数（VEI）8に達する火山のことをいい、1000立方キロメートル以上の火山灰や溶岩、岩石などの火山物質を噴出するとされる。

　最も有名なスーパーボルケーノはイエローストーン・カルデラだ。64×48キロメートルのくぼ地で、ワイオミング州にあるイエローストーン国立公園（モンタナ州とアイダホ州との州境にかかる）の大部分はこのカルデラの中にある。その地下には深さ200キロメートルほどの漏斗状をしたマグマ溜まりが存在する。地質学者のロバート・B・スミスは著書『Windows into the Earth（地球ののぞき窓）』の中で「イエローストーン一帯は言わば巨大な眠れる火

山だ。まるで生き物が呼吸をするかのように、数十年にわたって噴火と休眠を繰り返している」と書いている。イエローストーンが最後に噴火したのは60万年以上前のことだが、この大釜はとてつもない規模の噴火を繰り返してきた。210万年前の噴火では、想像を絶する巨大な火山灰の雲が現在の米国の半分に当たる広大な地域を覆い、土砂で埋め尽くした。その範囲は、東はミネソタ、アイオワ、ミズーリ州に達し、南はカリフォルニア、テキサス、そしてメキシコ国境にまで及んだ。

今のところ、イエローストーン・カルデラは静寂を保っている。オールド・フェイスフルやスチームボート・ガイザー（噴出の高さ90mを超える世界最大の間欠泉）など、イエローストーン全域に500カ所以上ある間欠泉を噴出させて少しずつ圧力を解放するに留まり、たまに地震や小規模な地殻活動を見せるぐらいだ。将来、イエローストーンで噴火が起これば公園は壊滅し、北米大陸の広い範囲が厚い火山灰で覆い尽くされてしまうだろう。大気中に排出された二酸化炭素や二酸化硫黄など大量の火山ガスは地球の気候に甚大な影響を及ぼし、その規模や被害を正確に予測することはほとんど不可能だ。ある推定によれば、死者は一晩で8万7000人に上るとされる。スミスは「カルデラは徹底的に破壊し尽くされ、その惨状は想像を絶するだろう」と書いている。「道路や山小屋、キャンプ場、ビジターセンター、そして間欠泉や美しい景観は、噴火によって一瞬にして地表から吹き飛ばされるか、カルデラの地盤沈下で地中にのみ込まれてしまうだろう」

そのような噴火は、幸いにも1年前には兆候が現れることが多い。しかも、イエローストーンのスーパーボルケーノが噴火する頻度は73万年に1度程度だ。滅多には噴火しないということだけは確かだ。

上：イエローストーン・カルデラを代表する米国最大の温泉、グランド・プリズマティック・スプリング。

極限環境

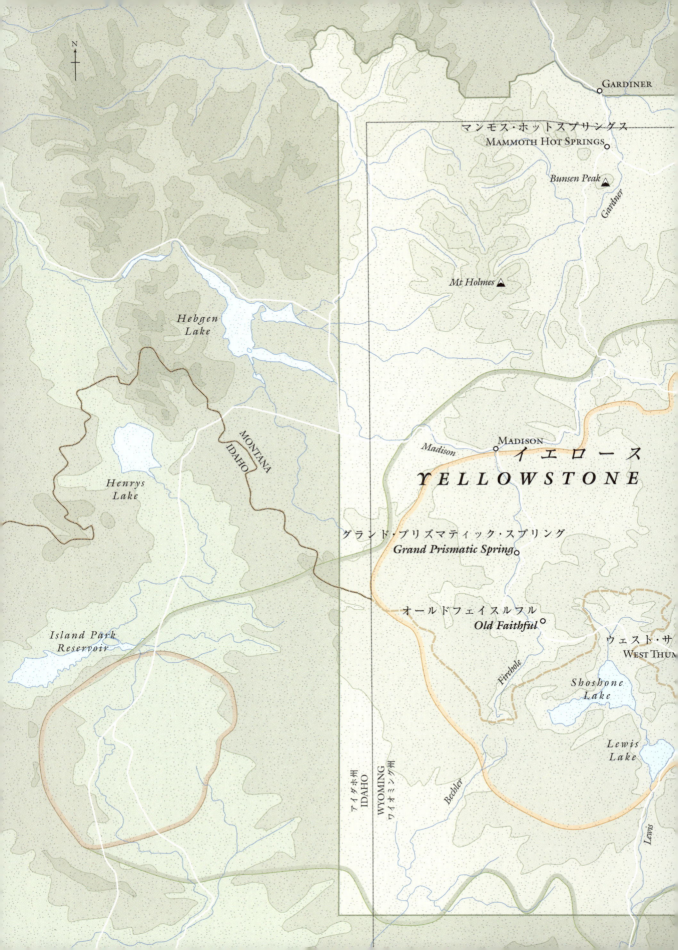

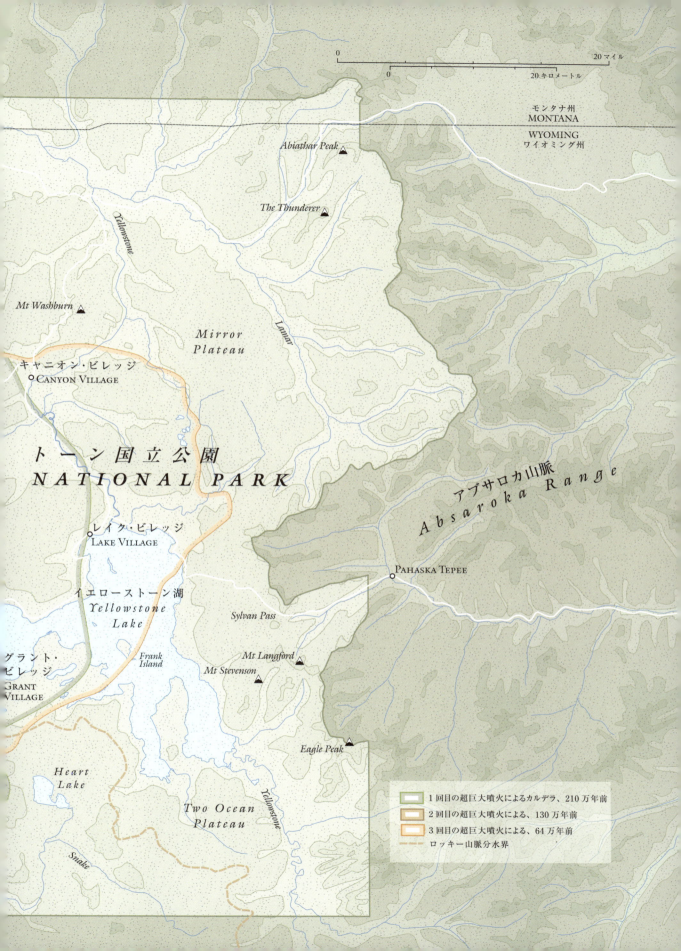

北緯21度56分59秒
東経89度10分60秒

スンダルバンス

インド／バングラデシュ
ガンジス・デルタ

"危険な動物が地元住民を震え上がらせ、恐怖に陥れている。"

ガンジス川とブラフマプトラ川がベンガル湾へと注ぐ河口に壮大なデルタが広がっている。スンダルバンスだ。マングローブの生い茂る湿地帯で、人が住むことはできない。その南端に浮かぶ小さな島々に、人々は身を寄せ合って暮らしている。こんなマングローブ林の片隅の、じめじめとした塩分の多い土地に住む自分たちは、なんて運が悪いのだろうと思っている。カニやエビ、巻き貝などを捕って売り、何とか生計を立てている。足元の覚束ない彼らの家も、海面上昇による水没の危機に瀕している。ここで暮らしてゆくのは容易なことではない。

だが、彼らのすぐ目の前には金のなる木が茂っている。村人は時折、危険を承知で世界最大のマングローブ林、スンダルバンスに分け入る。ベンガル語で"美しい森"という名を持つ、この広大な密林は、インドとバングラデシュにまたがり、面積は6000平方キロメートルにおよぶ。しかし、そこには命取りになりかねないさまざまな危険が潜み、村人たちを待ち構えている。そんな危ない橋を渡ってまで出かける彼らのお目当てといえば、スンダルバンスの中でも最小の生き物、ハチだ。

スンダルバンスの風味豊かな天然のハチミツは非常に人気が高く、採取して売ればかなりの金になる。どんなに危険でも、大きなリスクにはそれなりの見返りがあると思われているのだ。3カ月間のハチミツ採集"シーズン"は半ば公認されているが、ハチの巣を探しにマングローブ林に入ることについては正規の職業として認められていないので、どれだけの人がこうした仕事に携わっているのか、正確な数字は分からない。だが、最高のハチミツを手に入れようと何百隻ものボートが我先にと殺到し、毎年20人から200人ほどが命を落とすと見られている。村に残った妻や両親、子どもたちは、男たちが無事に帰宅するのを祈りながら待つしかない。

男たちには数々の危険が襲いかかる。そもそもハチの巣そのものが一筋縄ではいか

極限環境　41

ない。スンダルバンスのハチは世界で最も大型で攻撃的だといわれている。ハチにとって巣作りは重要だ。丹精込めて作り上げた見事な巣にはたくさんの小部屋があり、その奥に貴重な美味しいハチミツを蓄える。よそ者には決して手出しはさせない。貧しい村人たちがハチから身を守る手段といえばジュート製の粗末なマスクぐらいだ。煙で燻してハチの攻撃性を弱め、その隙に協力して素早くハチの巣を切り開く。その間にもハチの大群が人々に襲いかかり、肌の露出している部分に容赦なく針を突き刺す。大急ぎでボートに逃げ帰る暇はない。

マングローブの密林に潜む恐ろしい野生生物はハチだけではない。水辺には獲物を狙うワニや毒ヘビがうようよしている。陸地には鋭く尖ったマングローブの気根が密生しているし、さまざまな刺咬昆虫の類いが生息しているので、歩き回るのは危険だ。命に関わることもある。それに加え、ハチの巣があるのは密林の奥深くだ。ハチミツを手に入れるためには林の中を延々と探しまわらなければならない。湿地帯の特殊な環境に人間よりずっとうまく適応している野生動物に、村人たちはとてもではないが太刀打ちできない。ハチの巣探しの間中ずっと、動物たちの影に怯え続けるのだ。

従来、マングローブの沼地は好まないと思われていたのに、スンダルバンスの湿地帯にはすっかりなじんで住み着いた動物がいる。ロイヤルベンガルトラだ。この危険な動物が地元住民を震え上がらせ、恐怖に陥れている。サンダルバンスで死ぬ人はほぼ全員、密林に隠れているトラの餌食になった人々だ。ハチミツを求めて決死の覚悟で踏み入る人々が、飢えたトラの格好の獲物となっているのだ。その上、ベンガルトラはたまたま出くわした人を襲うわけではない。他の野生のトラや、ほとんどの大型のネコ科動物とは違い、彼らは人間を恐れることなく襲いかかってくる。ベンガルトラにとってはイヌや家畜だけではなく人間も獲物なのだ。ボートを襲撃して乗員を殺害したり、夜更けの村に忍び込むことも多いという。この地域に来襲するサイクロンで被災した人々の遺体を食べたベンガルトラが、人肉の味を覚えてしまったのだろう。トラの気配を知らせるように野良イヌを訓練し、村人が連れて歩けるようにするなど、トラによる被害を食い止めようとさまざまな取り組みが試みられてきたが、依然としてトラは大きな脅威であることに変わりはない。

そんな危険な相手は秘密兵器でもなければ倒せない。実は村の人々には秘策がある。マングローブ林へと出かける時には、まず空き地に集まって香を焚きしめ、にぎやかに音楽劇を上演して森の精霊ボンビビに捧げ、ハチミツ採集の間、危険なトラから守ってくれるよう祈願するのだ。ボンビビはスンダルバンスに住むヒンドゥー教徒とイスラム教徒が共に崇敬する女神だ。ある悪い男が森のハチミツ全部と引き換えに幼い甥を売ろうとした時、女神が現れて子どもを助けたと伝えられている。ボンビビはハチミツが充分に集まった頃合いで男たちの夢枕に立ち、そろそろ村へ引き上げる潮時だと促してくれるのだという。

上：世界最大のマングローブ林には、ロイヤルベンガルトラなど、多くの危険な野生生物が潜んでいる。

極限環境　43

未踏の地

北緯18度2分50秒
東経90度27分15秒

ガンケルプンスム山

ブータン
ヒマラヤ山脈

「あと一つか二つ最後のピースをはめ込みさえすれば…」

ヒマラヤ山脈のブータン側、標高6700メートル。国際登山隊は天候の回復を待っていた。この目もくらむような山上で、もう5日間も足止めを食らっている。彼らのミッションはブータンの最高峰、ガンケルプンスム山の初登頂を果たすこと。だが、ほとんど視界ゼロである上に、激しく吹き荒れる猛烈な風に阻まれて、一歩も前進できないでいた。隊長のスティーブ・ベリーは『ヒマラヤ・ジャーナル(Himalayan Journal)』誌で、こう報告している。「日ごとに風は勢いを増した。相手の耳元で怒鳴らなければければ何も聞こえないほど激しく吹き付けることもしょっちゅうで、風上に向いては息もできなかった。問題は、風が休むことなく吹き続け、それに恐ろしく冷たいことだった」。

ついに1986年10月23日、一行の中で最も優秀な登山家であるスティーブ・モンクスとジェフ・ジャクソンの2人が山頂を目指すことを決意。吹きすさぶ凍てついた強風にあおられながら、氷に覆われた急峻な岩壁に張り付いて少しずつよじ登って行った。4時間かかって進めたのは100メートル足らず、凍傷になりかかったことから、それ以上の登攀を断念せざるを得なかった。翌日、ベリーは撤退を決断。登山隊全員をベースキャンプに下山させた。異常なほどの悪天候の中で人命が失われることは避けなければならなかった。初登頂という彼らの挑戦は失敗に終わった。

標高7570メートルのガンケルプンスム("3人の気高い兄弟たちの白い峰"を意味する)は世界第40位の高さにすぎないが、未登頂の山としては今も世界最高峰だ。同程度の高さをもつヒマラヤ山脈の峰々が征服された後も、この山については、入山を禁止する法律によって登頂の試みが阻まれてきた。外国人観光客の入国禁止が解かれたのは1974年になってからだ。その後1983年、ブータン王国政府はガンケルプンスムを含む国内の高峰5座への登頂を解禁した。ブータンに登山文化が根付いたことはない。古来より、国が誇る偉大な山々の高み

上：標高7570メートルのガンケルプンスムは、未登頂の山としては世界最高峰だ。

には神々が住んでいると言い伝えられている。ヒマラヤ山脈の地図にもない険しい山々の懐に抱かれて、ひっそりと伝統文化を守り続けてきたこの国が、突如、外の世界へとその扉を開け放ったのだ。

法律が変わるとすぐに、登山家たちがガンケルプンスムの頂を征服しようと先を競って押しかけた。ベリー隊が登頂を断念した前年、オーストリア、日本、米国の三つの登山隊がガンケルプンスムの山頂を目指したのだが、悪天候や体調不良、あるいは山を発見できずにたどり着けなかったという理由で、いずれの隊も撤退を余儀なくされていた。ベリーは彼らの失敗をどうしても取り返したかったのだ。彼のガンケルプンスムに対する絶賛ぶりはほとんど妄想とも言えるほどだった。「この山はブータンのような特別な国にこそふさわしい…国の最高峰は国と同様に特別でなければならない」とベリーは書いた。「難攻不落というだけではない。ピラミッド型の頂を持つ完璧な姿の前では、周囲の山々など、どれも小さく見える」。

ベリーの奮闘にもかかわらず、高山の気まぐれな天候は晴れることを頑なに拒み、不運にも登攀は失敗に終わった。彼はこう書き残している。「あと一つか二つ最後のピースをはめ込みさえすれば、パズルは完成するはずだった。それなのに、初冬の強風が全てを吹き飛ばしてしまった」。

残念なことに、ベリーの前に開かれていた機会が閉ざされてしまったのは、それからまもなくのことだった。聖なる山々に人々が殺到し、辺り構わず踏み荒らし始めたことを懸念して、1994年、ブータン政府は6000メートル以上の山への登山を全て禁止したのだ。ガンケルプンスム山も例外ではなかった。その後この法律がさらに拡大され、2004年にはブータン国内の登山が全面的に禁止された。再び登山が解禁されるまで、ガンケルプンスムの汚れなき処女峰は手つかずのままとなるだろう。

未踏の地

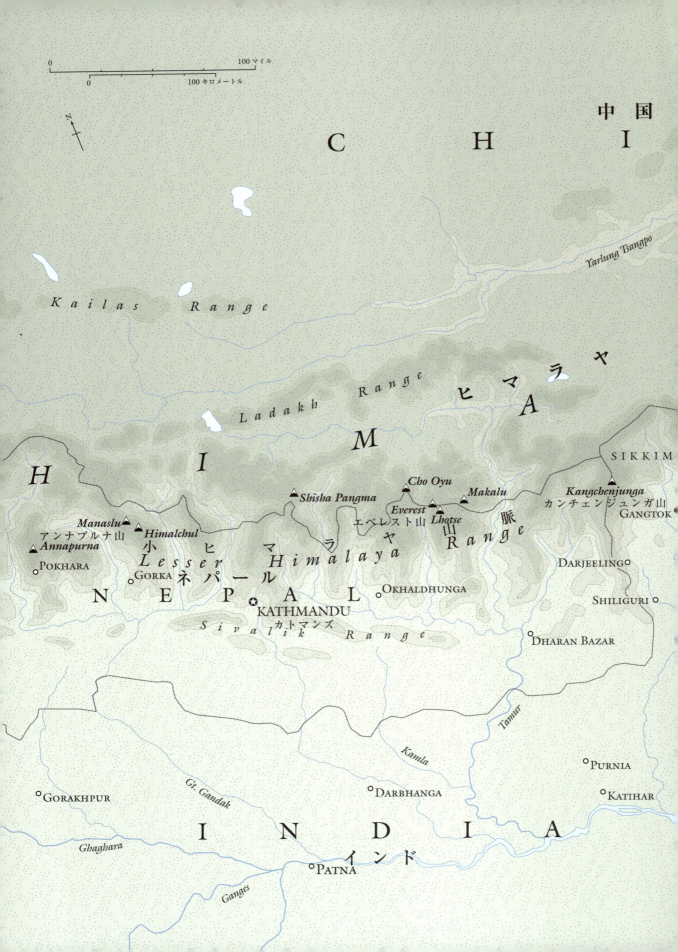

北緯17度26分60秒
東経106度17分33秒

ソンドン洞窟

ベトナム
ソンチャック

「あの洞窟だと直ぐに分かりました。とうとう見つけたんです。」

世界最大の巨大洞窟を見失うことなんてあるのだろうか。いや、それが実際にあったのだ。1991年、ベトナムでのことだ。ホー・カインという農民が稀少なアロエを求めてアンナン山脈へと分け入った。行く手の雲行きは怪しく、どうやら嵐になりそうだった。激しいスコールが降る中、彼は雨宿りの場所を求めて、地面に開いていた穴に命からがらもぐり込んだ。

ところが、それはただの穴ではなかった。奥から吹き上がる風、かすかに聞こえてくる遠くの水音。巨大なトンネルでもあるのだろうか。地底に川が流れているのかも知れない。目の前の岩をよじ登り、乗り越えてみると、そこにはぽっかりと洞窟のような巨大空間が広がっていた。この地域には広大な洞窟が網の目のように張り巡らされていることを知ってはいたが、これは間違いなく、今まで見た中で最大だった。家に戻ってからも、カインは再び洞窟を探しに出たが、ラオスとの国境に近いフォンニャ・ケバン国立公園のジャングルは深く、行く手を阻まれ、たどり着くことができなかった。カインは地元のオンライン紙『ベトナムネット（VietNamNet）』の取材に答えて、こう語っている。「嘘ではないと証明したかったのに、洞窟への道は分からなくなってしまいました。そこは未開のジャングルで、人の形跡はありませんでした」。

15年後、カインは妻と平穏な日々を送っており、洞窟のことはすっかり忘れていた。だが、世間は彼の話を忘れてはいなかった。さまざまな国の冒険家が参加する探検隊が結成され、カインの話の真偽を確かめようと、本人に案内役を頼み、密林へと分け入った。何度も調査を繰り返し、何日も費やしたが、カインが雨宿りしたという穴を見つけることはできなかった。探検隊は記録にない洞窟をいくつか発見したものの、その中にはカインの記憶にあるような巨大なものはなかった。

やがて2009年になって事態は急転する。カインが「巨大な岩の傍らを通った」と言い出したのだ。「あの時と同じ強い風が吹

いていて、水の流れる音も聞こえました。あの洞窟だと直ぐに分かりました。とうとう見つけたんです。その瞬間の気分はとても言葉では言い表せない。何しろ有頂天でした」。とうに帰国していたイギリス洞窟調査学会（BCRA）のチームが、直ちに空路でベトナム入りし、カインの案内で6時間ほどかけて密林を探索した。カインが一行を連れて行ったのは、その言葉通り、地底深くへと続く穴だった。彼らの行く手に方解石（炭酸カルシウム）の高い壁が立ち塞がった。調査隊はこの壁を「ベトナムの長城」と呼び、乗り越えて進んで行くと、そこには巨大な洞窟が広がっていた。現在知られている、世界最大の洞窟である。

彼らはそこをソンドン洞窟と名付けた。ベトナム語で「山の川の洞窟」を意味する。その後の調査で、内部空間は高さ200メートル超、幅は150メートル近くにもなることが判明。英国のビッグベンが二つ重ねて入れられるし、中にジャンボジェット機を飛ばしても翼で岩壁を引っかくことはない。洞窟内部には高さ75メートル以上もある石筍（せきじゅん）がそそり立つ。数十万年をかけて石灰岩をうがち、この巨大な空洞を削り出した川が激しく流れている。洞窟はとてつもなく大きく、洞窟の天井付近には雲が形成されるなど、内部で小規模な気象現象が起こるほどだ。この現象は地底に繁茂している熱帯雨林の影響だ。洞窟の天井が崩壊して大きな開口部ができ、そこから差し込む太陽光が育んだ森だ。この驚くべき密林は多様な生き物の宝庫でもある。ワシやサイチョウが林冠をかすめて滑空し、サルの群れは高さ45メートルもある木の梢にねぐらを作っている。

左：壮大なソンドン洞窟は2009年に発見されたばかりだ。洞窟内には熱帯雨林の森もある。

未踏の地

北緯7度57分17秒
西経77度20分47秒

ダリエン地峡

パナマ／コロンビア
ヤビサ～トゥルボ

"腹を空かせたジャガーや毒ヘビなど危険な生き物はよりどりみどりだ。"

　北アメリカから中央アメリカ、南アメリカを結んで延びるパンアメリカンハイウェイ。全長4万8000キロメートル余りを走破する、驚異の道路網だ。この繁栄のシンボルは、当初は鉄道を想定して計画された。しかし今では世界最長の自動車道路として、輝かしい米国の富と、エネルギッシュに成長するラテンアメリカの経済や社会とをダイレクトに結びつける役割を果たす。アラスカを起点に米国を貫通して南米大陸最南端のティエラ・デル・フエゴに至るまで、17の国々を走り抜けるこの道路は、資本主義とグローバル化の証しとして二つの大陸をつないでいる。

　だが、パンアメリカンハイウェイの途切れる場所が1カ所ある。ダリエン地峡だ。米国から南へ向かう旅行者はメキシコを通り、グアテマラ、ニカラグア、コスタリカなどの中米諸国をハイウェイで快適に走り抜けることができる。ところがコロンビア国境の手前50キロメートルほど、パナマのヤビサまで来ると、それ以上先には進めない。96～160キロメートルにわたって広がるうっそうとした密林と湿地に行く手を阻まれてしまうのだ。

　先へ進むには、海へと向かい、車を乗せてくれる船を探して、海路ウラバ湾をコロンビア側のトゥルボへと渡らなければならない。そこからはまたハイウェイに乗り、アンデス山脈を抜けて南米大陸を南へと縦断する。これでは金もかかるし不便なのだが、これは、ダリエン地峡という恐ろしく手強い相手を前に、ハイウェイの開発者たちがいかに怖じ気づいたかを端的に物語っている（思いがけないプラスの効果もあった。口蹄疫など伝染病の侵入を食い止める結果になったのだ。もしダリエン地峡で道路が分断されていなかったなら、伝染病は地峡を通って南米から中米、さらには北米にまで拡散してしまったかもしれない）。

　熱帯雨林のジャングルが広がり、気温は33℃を超え、湿度が100％に迫ることも珍しくないダリエン地峡。そこは、風変わりな植物や大型の哺乳類が住む野生生物の宝庫であり、危険な生き物もよりどりみどりだ。腹を空かせたカイマンやジャガーが辺

りをうろつき、マラリアを媒介するカがうるさく飛び回る。多種多様な毒ヘビがこの地峡全域に生息している。中でも猛毒を持つマムシの仲間、フェルドランスは悪名高く、中米では毒ヘビに噛まれて死ぬ人の半数以上がこのヘビの犠牲者だ。

あまりに危険なので、ここに立ち入る許可が外国人に下りることはめったにない。つまり、広大な地域が公式に調査されないままになっているということだ。ダリエン地峡横断の最も有名な成功例は1972年に行われた英国の探検隊による南北アメリカ大陸縦断だろう。アラスカからティエラ・デル・フエゴまで、自動車での完全走破に初めて成功、その途上にダリエン地峡はあった。計画した400キロメートルのルート（その後、乱伐が進んで森林が消失したため、現在の地峡は当時より幾分縮小している）を走破するため、2台の大型レンジローバーと、軍人主体の隊員65名が投入された。

探検隊のメンバーには著名な英国人探検家、ロビン・ハンブリー＝テニソンがいた。彼はジャングルで生活した経験から、旅の多くの時間を密林に住む先住民のチョコ族やクナ族の村を訪問することに割いた。彼は『ジオグラフィカル・マガジン』誌に次のように書いている。「他のメンバーがジャングル相手に苦闘している時、私はジャングルと調和して暮らす術を心得ている人々と過ごすことができた。4カ月間の旅の優に半分以上は虫刺されと腹下しから逃れることに明け暮れた」。

左：ダリエン地峡の湿地帯は中米と南米との間に横たわる厄介な障壁となっている。

　コロンビア内戦に麻薬密売が追い打ちを掛け、ダリエン地峡は無法地帯と化していた。コカインなどの麻薬を売りさばく凶悪な犯罪組織や密輸業者の巣窟となっているのだ。この地域は中米と南米とを結ぶボトルネックでもある。毎年何千もの人々がアメリカに移住したい一心で、なんとか無事にこの地峡を通り抜けて目指す夢の国に近づこうと、深いジャングルをものともせずに押し寄せる。主にキューバやハイチの人々だが、今ではネパールやソマリア、パキスタンからもやって来る。2014年には7000人以上の人々が地峡の横断を試み、その数は前年の倍を超えた。彼らの多くが生きて地峡を越えることはできない。犯罪組織による強盗や誘拐、さらには殺人が多発し、治安は最悪だ。

　たとえ犯罪や内戦の危険がなくても、必要な経験や装備も無しにダリエン地峡を横断しようと企てるのは極めて危険だ。深く険しい密林地帯の真ん中で方向を見失い、人里離れた場所で食料や水が尽きてしまう危険に陥るのは当然の成り行きだ。

　それでも、ダリエン地峡の手つかずの自然は、人間を寄せ付けない場所であると同時に、ユネスコ（国連教育科学文化機関）の言葉を借りれば「多彩な景観を有する中央アメリカの中で最も多様な場所」でもある。地峡は膨大な数の植物や昆虫、鳥類の稀少種を育くむ役割を果たしているのだ。「その広大で、ほとんど手つかずの景観が広がる…多彩な自然風土は驚異的だ」。

未踏の地　57

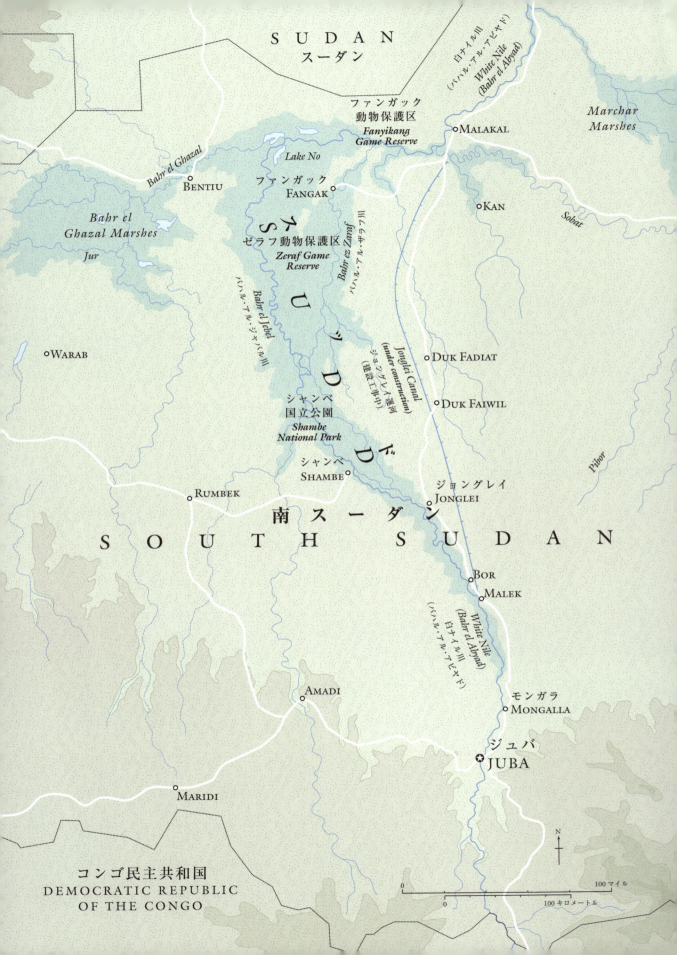

北緯8度22分49秒
東経30度42分43秒

スッド

南スーダン
ジョングレイ平原

"この手つかずのサバンナはなぜ人間の介入を拒み続けてこられたのだろう。"

スッドの歴史的な役割を時系列で理解するには、アラビア語であるその名のルーツを辿るのが一番だ。スッドとは"障壁"というほどの意味だ。数千年の間、ナイルを往き来する人々は、源流のビクトリア湖を目指して遡るにも、地中海に注ぐ河口のナイルデルタへと下るにも、沼地がどこまでも続く行く手を阻む広大な湿地帯を避けては通れなかった。世界最大級の湿原、スッドだ。

北へ流れ下る白ナイルは、ジョングレイ平原にさしかかる辺りに位置するモンガラで、バハル・アル・ジャバル川とバハル・アル・ザラフ川のふた手に大きく分かれる。そして600キロメートルほどの区間にわたってさらに数本の浅い運河へと分岐してゆく。その流域は2600〜1万6800平方キロメートルという広大な範囲におよぶ（雨期には4万〜9万平方キロメートルに拡大する）。

西暦61年のこと、ローマ皇帝ネロに中央アフリカの探検を命じられ、兵士たちはナイル川を遡っていった。彼らの前に立ち塞がったのは、見渡す限り沼地の広がるスッドだった。水草が密生して絡み合い、水面を覆い尽くしているので、通り抜けられるのは一人乗りのカヌーがやっとだった。それから2000年近くたった今も、スッドの湿原は全く手つかずの自然のままだ。

2006年には極めて重要な湿地としてラムサール条約（1971年にラムサールで採択された湿地に関する条約）に登録された。広大な領域の20％を三つの自然保護地域（シャンベ国立公園、ゼラフ動物保護区、ファンガック動物保護区）が占め、パピルスやアシ、アカシアやホテイアオイなどが繁茂している。スッドでは350種以上の植物が確認されているほか、魚類100種、哺乳類100種類が生息している。野生動物保護協会による2007年の空からの生息調査では、100万頭を超えるシロミミコーブやチアンアンテロープ、モンガラガゼルの移動する群れや、ワニやカバ、数千頭にもおよぶゾウの生息が確認された。これは「大型

未踏の地　59

哺乳類の移動としては世界最大規模だろう」という。鳥類は、ハシビロコウや、渡り鳥のモモイロペリカン、カンムリヅル、ハジロクロハラアジサシなど、470種が確認されている。

タンザニアの国立公園セレンゲティの3倍という、このアフリカ最大の広さを誇る手つかずのサバンナがなぜ、人間の介入を拒み続けてこられたのだろうか。その大きな理由の一つに、南スーダンと近隣諸国との間に繰り返されてきた政治的な分裂がある。1938年当時、半世紀にわたって英国とエジプトの共同統治下にあったこの地域で、大運河の建設計画が持ち上がった。ジョングレイ運河である。スッドの中央を貫き、ジョングレイからマラカルまでの数百キロを結んで流れる。完成すれば白ナイルの上下流域の往来は大きく改善されるはずだった。

数十年間の論議の末、ついに1978年、スーダンの中央政府とエジプトが運河の掘削を開始。しかし1984年、スーダン内戦のあおりを受け、計画は再び延期に追い込まれる。反政府組織によってほとんどの建設機械が破壊され、計画の3分の1を残して工事は中断。2005年に内戦が終結し、やっと工事再開の目処が立つかに見えたが、2011年のスーダンの独立を問う住民投票によって国は二つに分断、スッドも再び紛争に巻き込まれることになった。

南スーダンとなった現在、内紛に悩まされつつも、独立国としての地位確立を目指して362キロメートルにおよぶ運河の建設計画について改めて検討を開始した。しかし、計画が環境に悪影響を及ぼすのではないかという懸念が繰り返し示されている。とりわけ、このような開発によって自然豊かな湿地帯が広範囲にわたって干上がってしまう可能性があり、その広さは全体の48％にもおよぶと見積もられている。これは毎日1982万〜2548万立方メートルの水が湿地帯から運河に流れ込むことに相当し、何世代にもわたって築き上げられてきた自然界のリズムが大きく妨げられると考えられる。

スッドの湿原はディンカ族やヌエル族など、先住民ナイロート系の牧畜民が多く暮らす土地でもある。彼らが湿原で放牧する70万頭もの家畜の餌は、毎年繰り返されるナイルの洪水がもたらす恵みが頼りだ。また、シルック族の暮らしはスッドが育む豊かな漁業資源のお陰で成り立っている（1980年代に行われた調査によるスッドの全人口は50万〜80万人）。

彼らの伝統的な暮らしは、20年あまりにおよぶ内戦をくぐり抜けてきた挙げ句、今や脅威にさらされている。これから先、スッドの"障壁"としての真の力が試されることになるだろう。

右：スッドの湿地帯で大きな群れを作って暮らすアンテロープとガゼル。

未踏の地　61

北緯11度22分24秒
東経142度35分30秒

チャレンジャー海淵

米国
グアム、マリアナ海溝

「私には月面のように思えた。とても孤独だった。」

「ここが本当に海底なのか、まだ確信が持てない。水は澄み切って遠くまで見渡せるが、海底の景色は平板で、特徴的なものは何も見当たらない。前後左右もわからない。80回以上深海に潜ってきた私も、こんな光景は初めてだった」。

これは、ジェームズ・キャメロンが『ナショナル ジオグラフィック』誌に寄せた手記だ。2012年3月26日、彼は潜水艇「ディープシー・チャレンジャー」で世界最深の海底に到達し、人類史上3人目という快挙を成し遂げた。『タイタニック』や『エイリアン』、『ターミネーター』などの作品で知られる映画監督のキャメロンが、地球上で最も深い海、チャレンジャー海淵への史上初の単独潜行に挑んだのだ。遠く太平洋に浮かぶマリアナ諸島。その海底に弧を描くマリアナ海溝の南端に、海面下1万908メートルという途方もない海淵がある。エベレスト山をそっくり海底に沈めても海面は頂上のさらに2000メートルも上にあり、旅客機の巡航高度をも超える。

そこは凍るような低温で、永遠の闇が迫り、分厚い海水の層が押し潰しにかかる。その水圧は1平方センチ当たり1147キログラム、通常の大気圧の1000倍におよぶ。生きるには過酷な環境だ。そんな深海に生命が存在するのかどうか。それは1960年まで海洋生物学者や海洋学者にも見当がつかなかった。

その年、海洋生物学者でありエンジニアでもある冒険家ジャック・ピカールが米国海軍のドン・ウォルシュ大尉と共にアメリカ海軍の潜水艇トリエステ（飛行船に似た"バチスカーフ"型潜水艇）に乗りこみ、この深海底に到達するという人類初の大冒険をやってのけたのだ。凄まじい水圧に押し潰されないよう、船体は頑強なぶ厚い耐圧殻で作られていて、二人は直径わずか1.9メートルほどの恐ろしく窮屈な空間にすし詰め状態だった。腕を伸ばすことすらできなかったとピカールは記録している。

ピカールとウォルシュは不安に震えながら、辛抱強くゆっくりと、未知なる世界へ

と降下していった。世界で最も深くて暗い海の奥底で、どんな神秘が彼らを待ち受けているのだろうか。海面直下1万1000メートルへの旅は5時間を要した。歴史に残る旅路だ。のぞき窓の外に果てしなく広がる深海を、二人は無言で見つめていた。これまで人間の目に触れたことのない光景だった。潜水艇の降下がついに止まった。1960年1月23日13時06分、歴史が作られた瞬間だった。ピカールは『ナショナル ジオグラフィック』誌に、深海に着底した艇を「敷き詰められた象牙一色のカーペット」が優しく受け止めた、と語った。着底の際に舞い上がった沈泥がカメラを遮り、茫漠と広がる深海の光景をかき消してしまった。

海底に滞在できる、彼らに残された手持ちの時間はわずかだった。上昇開始まであと20分しかない。辺り一面、渦を巻いて舞い上がる沈泥を通して目をこらしていると、見たことのない生物が「トリエステ」のヘッドライトに照らし出された。その生物は光に戸惑った様子で身をくねらせ、「元いた永遠の夜のとばり」へと戻って行った。体長45センチほどのその生物をピカールはヒラメの一種だと判断した。数百年にわたって繰り返されてきた論議についに終止符が打たれた。海洋の最深部でも生命は生き延びる術を見つけていたのだ。

それから50年余り、キャメロンの探査はピカールとウォルシュ以来、人類初のチャレンジャー海淵への旅となる。その朝は嵐で海は時化ていた。キャメロンは、これから始まる長い旅路に向けて、気持ちを落ち着かせようとしていた。最新型の潜水艇「ディープシー・チャレンジャー」の中に"殻の中のクルミの実のように"押し込め

られ、漆黒の闇へと下りてゆくのだ。潜水艇には堆積物の試料採取装置やロボットアーム、温度・塩分濃度・水圧の計測機器、複数台の3Dカメラなどが完備されている。超深海で何を発見しても十分な調査ができるよう、準備万端だ。

「潜航を開始すると潜水艇はものすごいスピードで降下する。歓声を上げているうちに、ほんの数分で周囲は水温は2.2℃の世界になる」。キャメロンはこの探査のパートナー『ナショナル ジオグラフィック』誌にこう語った。「突然、足が冷たくなり、後頭部も凍える。だが体の真ん中は暖かいままだ…潜航の大半は真っ暗な中を進むから、潜水艇はとても冷えるのだ」。2時間半後、「ディープシー・チャレンジャー」の降下がついに止まった。キャメロンは海の最深部をのぞき込み、到着したばかりの場所に広がる茫漠とした光景に目を見張る。「まるで、無限に広がる駐車場に新雪が降り積もっているようだった」。

だが、潜水艇の油圧式の遠隔操作アームが故障し、液体が噴き出してのぞき窓を遮ってしまった。海底に滞在できたのは3時間ほど、予定の半分にとどまった。深海に棲む多様な生物に出会うことを期待していたのに、キャメロンはほんの数種類の端脚類とごく少数の「深海生物」を除いて、生命の兆候をほとんど目にすることはなかった。それは「生命の限界を超えた」世界だったとキャメロンは語っている。「私には月面のように思えた。とても孤独だった。まるで、ほかの惑星に行って帰ってきたような気分だった」。

下：1960年、人類初の有人深海探査は米国の潜水艇「トリエステ」によって達成された。

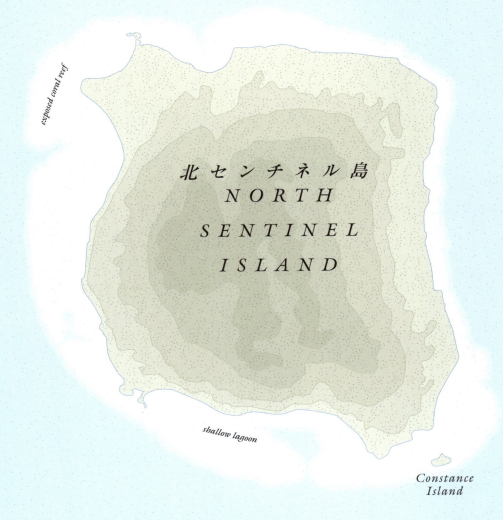

北緯11度33分1秒
東経92度14分1秒

北センチネル島

インド
アンダマン諸島

"彼らについて、それ以上のことはほとんど分かっていない。"

ちまたにGPSやバーチャルリアリティーがあふれ、ビデオメッセージが飛び交う21世紀。そんな時代に"外部との接触をもたない"人々が存在するのだろうか。ところが、まれなこととはいえ、固有の生活様式を貫き、現代世界のあらゆるものを頑なに拒否して外部の侵入者からコミュニティーを守ってきた人々がいる。

中でもよく知られているのは、北センチネル島に暮らす狩猟採集民だ。島はアンダマン諸島の西方に位置する。面積72平方キロメートル、アンダマン海とベンガル湾の間に浮かぶ576の群島のうちの一つだ。古くからアンダマン諸島民（アンダマン人）は外の世界に対して攻撃的なことで知られ、13世紀の旅行家マルコ・ポーロは「最も野蛮で凶暴な民族」と書いている。

だが、ほとんどのアンダマン人は数世紀前から現代社会と接触をもつようになった。アンダマン諸島では1700年代後半に英国によって戦略的な植民地化が進められ、第2次世界大戦中には日本軍の占領下に置かれたのだ。大アンダマン島の先住民、ジャラワ族も、1990年代後半まで外部との接触を拒み通していたが、幹線道路が建設されたことをきっかけに、ついに外の世界に取り込まれていった。彼らは今、固有の言語ではなくヒンディー語を学んでいる。

しかし、一般にセンチネル族と呼ばれる北センチネル島の住民は、21世紀になってもなお、その態度を頑なに変えようとはしなかった。彼らは6万年もの昔から島に住んでいたと考えられているが、1771年に英国の東インド会社の船がかすかな明かりを目撃したというのが、その存在を示す最初の記録だ。センチネル族の言語を研究した専門家によると、周辺の島々に住む部族の言葉とは（センチネル族の起源と考えられているジャラワ族の言語とも）大きく異なることから、他の島との交流は無きに等しかっただろうという。

彼らについて、それ以上のことはほとんど分かっていない。外からやって来る者に対して、ことごとく攻撃的だからだ。例え

未踏の地　67

ば1974年、『ナショナル ジオグラフィック』がドキュメンタリー映画の撮影隊を送り込んだ時のことだ。島民と友好的に接しようという期待とは裏腹に、矢の雨を浴びせかけられて撤退、監督は大腿部に矢を受けて負傷した。

1991年には、ある探検隊が手土産に山ほどのココナッツを抱えて島に向かった。浜にいる一人の男が、近づくボートに向かって敵意剥き出しで弓矢を構えていたが、なんとかなだめて贈り物を手渡すことに成功。これは部外者とセンチネル族とがこれまでで最も接近した記念すべき出来事だったのだが、それを最後に島の人々は再び部外者との接触を拒み続けている。

こうしたことから、島の状況は離れた場所からうかがい知るほかなかった。空撮写真で見る島は深い密林に覆われ、集落はジャングルの中にすっかり溶け込んでいて、身を隠す術をわきまえているようでもある。インド政府は10年ごとに国勢調査を実施してきたが、センチネル島の人口については海岸に目撃された人々の数から推測するしかなかった。1991年に目撃されたのは23人、2001年には39人、2011年はわずか15人。この数字から割り出された島の人口が正確なのかどうかは、知るよしもない。コミュニティーの実際の規模は数百人程度

左：2004年のスマトラ島沖地震で北センチネル島が隆起し、周囲には海面上に珊瑚礁が露出した。

だろうと考えられている。

　この島にとっての大事件の一つに、2004年12月26日、クリスマスの翌日に発生したマグニチュード9.1のスマトラ島沖地震がある。タイの北西部を襲ったこの巨大地震はインド洋一帯に凄まじい津波を引き起こした。津波はタイやインドネシア、インド、スリランカ、マレーシアなど多くの沿岸諸国に押し寄せ、遠くはソマリア沿岸にまで達して死者は22万5000人を超えた。アンダマン諸島は震源からわずか850キロメートルに位置し、破壊的な津波の通り道の真上にあった。北センチネル島では島全体が大きく隆起し、海面から露出した珊瑚礁が島を取り巻いている様子はNASAの衛星画像にはっきりと映し出された。大きく変貌した地形は今もほとんどそのままの状態だ。津波が襲った直後、インド空軍が島の上空にヘリコプターを飛ばした。すると密林から一人の男が飛び出してきて、ヘリコプターに向かって矢を放ち、威嚇した。未曽有の大災害に見舞われた直後であっても、北センチネル島にとって外界からの訪問者は招かれざる客であることに変わりはなかった。

未踏の地

クルベラ洞窟

ジョージア
アブハジア

北緯43度19分0秒
東経40度37分4秒

"地上で最も隔絶されたこの場所が風変わりな生き物たちを育んでいる。"

2012年8月、洞窟探検家のゲンナーディ・サモキンは歴史的な探索を終え、世界最深の洞窟内に横たわる狭い水中トンネルから地上へと生還した。これより5年前、この恐れを知らないウクライナ人探検家はクルベラ洞窟の地底2190メートルという想像を絶する深さに到達し、新記録を打ち立てた。これはエンパイアステートビルを五つ重ねた高さに相当する。だが、サモキンは満足しなかったのだ。5年後、彼は再び装備を調え、地底世界へと引き返した。そして地上に帰還したサモキンが手にしていたのが、自身の記録を打ち破り、深さ2196メートルに到達したという快挙だった。クルベラは世界最深の洞窟であることが確かめられたのだ。

クルベラ洞窟が発見されたのは1960年代のことだ。黒海と大コーカサス山脈とに挟まれたアラビカ山地で見つかった数百の洞窟の一つだ。その名は著名なロシア人地質学者アレクサンドル・クルベルにちなむ。広大なアブハジア地方は、ソビエト連邦崩壊後の1992年に独立を宣言し、それ以来、紛争が絶えない地域だ。新興独立国であるジョージアもまた、この北方地域の支配権を主張し、公式には同国の一部とみなされている。2001年1月、探検隊がクルベラの深さ1709メートルにまで到達、世界最深の洞窟だと確認された。ウクライナ洞窟学協会はさらなる最深部を目指し、2004年10月、9人の洞窟探検家を送り込んだ。彼らは17日間をかけて一歩また一歩と奈落の底へと深度を深め、奮闘の末に深さ2080メートルに到達、新記録を樹立した。こうしてクルベラは深さ2000メートルを超えることが確認された初めて（そして現時点でも唯一）の洞窟となった。サモキンの挑戦が大きな話題になったことで、この洞窟にはまだまだ先があり、もっと深く続いているだろうと考えられている。

「まるでひっくり返したエベレストに登頂するようなものだ」とは、『ナショナルジオグラフィック』誌が支援するクルベラ探検隊のメンバーが語った言葉だ。そんな

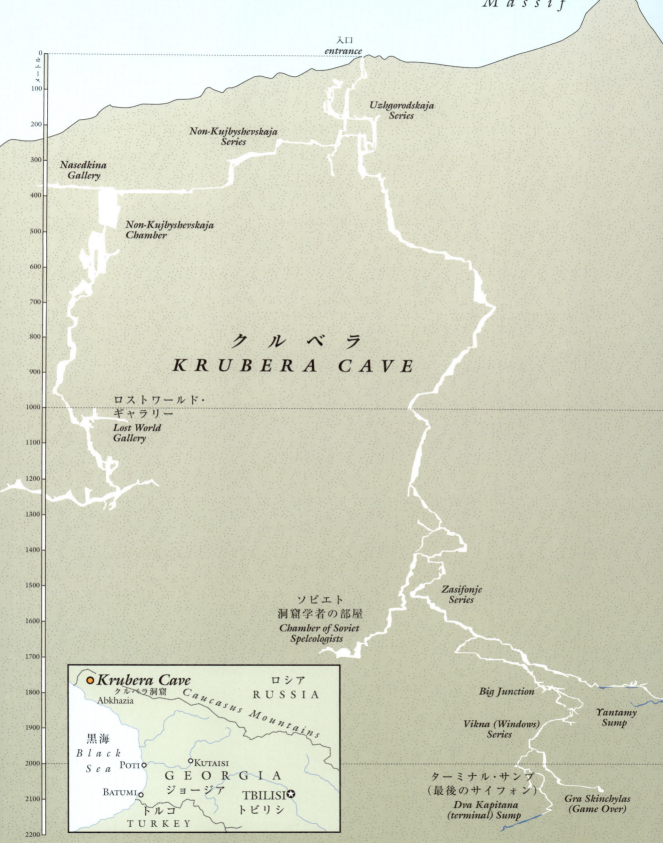

深さを目指すには、登山家にはおなじみの多くの準備が必要だ。例えば、ルートの途中に何カ所か、拠点となる地底"キャンプ"を設営する。洞窟内では深くなるほど気温が上がるのが普通だが、それでも2℃まで下がることがある。キャンプでは、疲れ切った探検家たちが食べ物を温めたり、テントに潜り込んで身を寄せ合い、暖を取って眠りにつくことができる。そうして次の一日の始まりに備えるのだ。洞窟の全貌を描いた詳細な断面図を見ると、洞窟とは無縁の私たちにも、はるかなる旅路を味わうことができる。それは、冷たく、暗く、じめじめとした地底世界へと落ちてゆく、身のすくむような空想の旅、息苦しく恐ろしい白昼夢だ。

洞窟への入口は標高2240メートルにある。クルベラに入ってゆくには、まず、縦穴の開口部付近にカラスが作ったおびただしい巣の群落を突破しなければならない（洞窟のロシア語名"ボローニヤ"は"カラスの洞窟"の意味）。

トンネルは極端に狭くて複雑に入り組んでいるので、洞窟学者たちの意欲は削がれてしまい、1980年代までに到達できたのは地下100メートルにも至らなかった。この難関をなんとか突破し、メインの縦穴から枝分かれする複雑に絡み合った通路にも惑わされることなく進んでいくと、ルートはあっという間にジュラ紀の石灰岩層を突き抜ける。狭い縦穴の至る所から水が筋を作って流れ落ちている。山の頂上から、何千メートルも下にある地下水面へと至る、天然の水路だ。夏ともなれば、山頂からの雪解け水で水量はさらに増す。こうした仕組みが、この地球上で最も隔絶された特異な場所に、甲虫やヤスデ、クモ、エビなど、ありとあらゆる風変わりで個性的な生き物たちを育んでいる。

1400メートルの深さまで来ると、水没した狭いトンネル（サンプまたはサイフォンと呼ばれる）をいくつも通り抜けなければならない。ケーブダイビングの高い技術が要求されるのだ。さらに深部へと進んでゆくと、深さ2100メートル辺りでトンネルは再び水没し、今のところ洞窟の最深部とされている水たまりの中へと消えている。

この恐ろしく暗くて孤独な場所を、人は"ターミナル・サイフォン（最後のサイフォン）"と呼ぶ。そこではもう、何が起ころうとも助けを呼ぶことは不可能なのだ。サモキンはここで記録的なダイビングを2度も成功させているが、これからも記録更新に挑戦したいと意気込む。それでも最深部にはまだまだ届かないだろう。サモキンは、洞窟の底は深さ1万メートルに達し、黒海にまで繋がっているかも知れないと語っている。クルベラ洞窟は世界一の"底なし"洞窟などと言われても、何の不思議もないのだ。

左：クルベラ洞窟の探検は「ひっくり返したエベレストに登頂する」ようなものだと言われてきた。

未踏の地

北緯4度51分11秒
東経116度50分38秒

マリアウ・ベイスン

マレーシア
ボルネオ島サバ州

"人々が足を踏み入れることをためらったのにはもっともな理由がある。"

1947年、ある軽飛行機のパイロットがボルネオ島の北部、サバ州の上空を飛行していた。眼下にはうっそうと生い茂る熱帯雨林がどこまでも広がっている。分け入ることなど到底できそうもない深い密林だった。思わず目を奪われて、果てしなく続く濃い緑と深い霧の上を行きつ戻りつするうちに、雲の中から突然、切り立った絶壁が現れたかと思うと眼前に迫った。墜落という最悪の事態を避けようと必死で操縦するうち、四方八方を信じられないほど高い斜面に囲まれていることに気がついた。なんと偶然にも、地図に載っていない24キロメートル四方にもおよぶ巨大盆地を発見してしまったのだ。まだ誰にも知られていない、全くの未知なる地だった。

だが、地元の先住民、テンガラ・ムルット族（丘の民）とオラン・スンガイ族（川の民）にとっては昔からよく知る場所で、「マリアウ」と呼んでいた。"鉢"とか"たらい"といったような意味だ。現在の名称「マリアウ・ベイスン」（ベイスンは英語で洗面器を意味する）はこれに由来する。だが、彼らは「階段の山」（鉢の周囲を取り囲む切り立った断崖からいくつもの滝が流れ落ちる様子から）と呼ぶその鉢の中に足を踏み入れることはなかった。

人々がためらったのにはもっともな理由がある。ベイスンの北側を縁取る断崖絶壁の麓に、現在はリュヌムン湖と呼ばれる湖がある。土地の言い伝えでは、そこには恐ろしい竜が棲んでいて、巨大な尾で湖の水をせき止めているのだという。ベイスンはその存在自体が貴重だ。周囲には石灰岩でできた天然の障壁がそびえ立ち（標高1676メートル）、広大な領域を守っている。探検家や研究者、科学者たちはこの壁を突破するのに数十年を費やすことになる。

公式記録に残る初めての探査が行われたのは1976年のことだった。調査隊はリュヌムン湖から北側の絶壁を越えてベイスン内に入るという計画だった。彼らは断崖の上部まであと少しの所まで到達したが、わずか12メートルを残して断念。直ぐに再調査

隊が投入された。まず、1978年に林業局の調査隊がベイスンに向かったが失敗。1980年にはサバ州立ミュージアム隊が西側の絶壁からアプローチを試みたが、マラリアの発作や物資の不足により、彼らもまた目的を達することなく撤退を余儀なくされた。先行きは暗くなるばかりだった。ところが1982年、ついに突破口が開ける。マレーシア政府が資金提供して軍学合同の調査隊を組織し、ヘリコプターでベイスンを目指すことになったのだ。ついに人間が初めて、マリアウ・ベイスンに足を踏み入れた。

そこは豊かな野生種の宝庫だった。スマトラサイはその角に薬効があるとして密猟され、絶滅危惧IA類に指定されている。木登り上手なスンダウンピョウは絶滅したサーベルタイガー（剣歯虎）の近縁種とされる。そのほか、胸の黄色い模様が個性的なマレーグマ（ハチミツを好んで食べることからハチミツグマとも呼ばれる）など、実に多彩だ。絶滅危惧IB類のボルネオゾウの群れも生息している。このベビーフェイスのかわいらしいゾウは、他のアジアゾウよりも体が小さく、耳と尾が大きい。

さらに、植物も実に個性派揃いだ。この密林で見られる植物はボルネオ島の他の地域と比べても希少種が多く、生物多様性のホットスポットとなっている。ベイスン特有の地形のお陰で、絶壁を登ると植生ががらりと変化するのが手に取るように分かる。食虫植物のウツボカズラや非常に珍しいラフレシア（腐ったような悪臭を発することから「死体花」の名で呼ばれることが多い）、さらには低栄養土壌にのみ適応する種など、絶壁の向こう側にはさまざまな植物が繁茂し、眼下に広がる緑の林冠を高みから見下ろしているのだ。

この驚異的な生物多様性を守ろうと、1984年にマリアウ・ベイスン自然保護区が設立されたのだが、1988年になるまで、現場でのきちんとした科学的調査は行われなかった。だが、研究者たちが自らベイスンにたどり着けるようになると、そこは最高の研究現場となった。ベイスン内は比較的損なわれることなく、ほとんど原始のままの環境が保たれてるからだ。こうして、マリアウ・ベイスンでは数多くの貴重な発見が続いた。

2016年にケンブリッジ大学の研究者によって発見された高さ89メートルを超えるイエローメランチ（ほとんどロンドンのビッグ・ベンと同じ）もその一つだ。当時の世界一背の高い熱帯樹木である。言うまでもないが、このような秘境でこんな巨木の高さを正確に計測するのは容易なことではない。最新鋭の先端技術を駆使した3次元スキャン装置をもってしても困難な作業だ。唯一の、しかも確実な方法は、サバ州出身でベテランのツリークライマー、ウンディン・ジャミに依頼することだった。ジャミは巻き尺を体に巻き付けて木に上り、ゆさゆさと枝を揺らしながらてっぺんまで上り詰めた。こうして木の高さが確定された。木の梢で彼が記録したメモには、こう記されている。「ワシがしつこく攻撃を仕掛けてきたし、ハチもたくさん飛び回っていたから、良いカメラで写真を撮る暇など無かった」。

右：マリアウ・ベイスンは1947年にパイロットによって偶然発見された。

人間の活動

北緯35度7分53秒
東経32度44分60秒

グリーンライン

キプロス
国連緩衝地帯

"ムフロンと呼ばれる野生の羊が今はいなくなった村人に替わり村の主だ。"

キプロスの緩衝地帯、通称「グリーンライン」。かつてにぎわった街並みがあちこちで荒れ果てた姿をさらしている。なかでも旧ニコシア空港の光景は衝撃的だ。ターミナルビルではラウンジのシートが鳥のふんにまみれている。滑走路には少しずつ部品が剥ぎ取られてがらんどうになった旧キプロス航空の旅客機、トライデント・サンジェットが野ざらしになり、二度と飛び立つことはない。それほどのショックはないものの、それでもやはり心が痛むのは、島の北西部にある山村、バリセイアの廃墟だ。住民は準備に一日しか与えられずに村を退避させられ、地域は封鎖された。もぬけの殻となった空き家のドアはちょうつがいが外れてぶら下がり、ムフロンと呼ばれる野生のヒツジが群れをなして我が物顔に出入りする（ムフロンはキプロスの国のシンボル。硬貨やキプロス航空のロゴデザインになっている）。いなくなった村人に替わり、今は彼らが村の主だ。かつては絶滅しかかったこともあったが、バリセイアの廃墟で200〜300頭ほどが確認されている。グリーンラインの内側ではおよそ3000頭のムフロンが生息していると推定されている。

現在はギリシャとトルコの両国民が住むキプロスは、繰り返し、紛争の舞台となってきた島だ。1960年にキプロス共和国が完全独立を果たしてから事態はさらに深刻化した。1963年12月、これら二つの民族間で緊張が高まり、島の全域で暴力沙汰が発生するに至って、英国陸軍少将ピーター・ヤングが2つのコミュニティを分離しておくための一時的な緩衝地帯を設定、キプロスの地図上に緑色のペンで線を引いたのだという。この時、その緩衝地帯が半世紀以上たってもまだ存続していることを、誰が予想できただろうか。

1974年に起こった衝突はもっとも大規模で、歴史を左右する重要な事件となった。7月15日、ギリシャ本国寄りの勢力がキプロスでクーデターを起こしたのだ。これにトルコが反応して派兵、島の北岸に侵攻し

たため、ギリシャ系住民は一斉に島の南側に逃れた。1カ月後に停戦が宣言されたものの、びくともしない膠着状態に陥ったまま現在に至る。南側はギリシャ系のキプロス共和国、北側はトルコ系の北キプロス・トルコ共和国が対峙する。両文化圏とも、島が真ん中で南北に分断された状態しか知らないキプロス育ちが世代を重ねている。

グリーンライン——公式には国連緩衝地帯——は300キロメートルに渡って島を分断し、国際連合キプロス平和維持隊（UNFICYP）によって管理されている。緩衝地帯には所々幅が狭まる場所があって、その一つが首都ニコシアだ。街の中心をグリーンラインが通過していることから「世界唯一の分断都市」というキャッチフレーズで観光客を集める。しかし、街を出れば緩衝地帯の幅は6.4キロメートルほどに広がる。その面積は336.7平方キロメートルにおよび、島全体の3%を占めている。グリーンライン内には小さなコミュニティがいくつかある。例えばピラは島で唯一、ギリシャ系とトルコ系住民がうまく共存して暮らす村だ。とはいえ、緩衝地帯の大部分は厳重に監視され、UNFICYPの兵士がパトロールしている。特定地域に立ち入る権限があるのは彼らだけだ。

比較的平穏が保たれているグリーンライン内では、ムフロンのほかにも多くの野生動物が生息し、個体数を増やしている。キプロスミツバチラン（キンリョウヘン）やキプロスチューリップなど、この島でしか見られない極めて稀少な植物の群落も見つかっている。40年間にわたり、人間がもたらす日々の影響から守られる結果となり、はからずも自然保護区が形成された。今は豊かな自然が広がるその場所も、紛争地帯となっていたかも知れない。

上：キプロス国連緩衝地帯の中にあるコミュニティは、1970年代以降、ずっと放棄されたままだ。

人間の活動

北緯51度24分22秒
東経30度3分9秒

チェルノブイリ
立ち入り禁止区域

ウクライナ
チェルノブイリ

"そこでは腐敗といった生物学的プロセスでさえ、
その働きを停止してしまった。"

1986年4月26日、ソビエトの地味な一都市が一躍脚光を浴びた。その大惨事は今も人々の記憶から消えることはなく、これほど歴史の重圧にあえぐ地名も他にない。この日、ソ連のキエフの北80キロメートルに位置するチェルノブイリ原子力発電所で4基の原子炉のうち1基が爆発、2名の即死者を出した。それから9日間、原子力発電所からは第2次大戦で長崎・広島に投下された原爆の100倍を超える膨大な量の放射性物質が放出され続け、さらに数十人の従業員が死亡した（正確な人数については論議が続いている）。これは国際原子力・放射線事象評価尺度（INES）においてもっとも深刻な「レベル7」に分類された初めての大惨事だった。これに匹敵する事例は、2011年に津波によって引き起こされた福島原発の炉心溶融事故だけである。

周囲30キロメートル圏内が立ち入り禁止区域に指定され、最寄りの町プリピャチの住民を初めとして域内の住民計33万6000人が退避した。事故直後に放出された放射性降下物により、現在のウクライナ、ベラルーシ、ロシアに当たる広大な地域が汚染された。大量の放射性物質が気流に乗ってこれらの地域へと飛散し、降り注いだのだ。程度の差こそあれ、チェルノブイリが放出した放射性物質の影響はヨーロッパ全土に及び、スコットランドの羊やドイツのイノシシ、ノルウェーのトナカイから相次いで汚染物質が検出された。

30年たった今も、地上の光景は1986年当時の様子と驚くほど変わっていない。チェルノブイリ立ち入り禁止区域（CEZ）はウクライナとベラルーシにまたがり、現在はウクライナ領となった街を包囲するように、面積2600平方キロメートルにわたって広がっている。ここに入ることを許されたごくわずかな訪問者は、目にした事故後の悲惨な光景について、時の流れの中に閉じ込められた世界だったと話す。そこでは腐敗といった生物学的プロセスでさえ、その働きを停止してしまった。サウスカロライナ大学による調査は、有機物を分解するの

に不可欠な表土中のバクテリアやカビまでも、事故で放出された極めて高レベルの放射線によって死滅してしまったことを示している。何十年か前に枯れた木々が、倒れた場所で朽ちることなくそのままの姿を横たえ、森の地面には落ち葉が何層にも厚く降り積もったままだ。それらはずっと前に腐って土に還っていたはずだった。

CEZ内のコミュニティは現在、ほとんど人の住まないゴーストタウンだ。しかし、生き物の気配が全くないというわけではない。人間と入れ替わりに野生生物が入り込み、今ではすっかり我が物顔だ。人が足を踏み入れなくなった場所に、彼らはしっかりと根を下ろしている。市街地の建物はどれも、壊れた窓から植物が侵入して生い茂り、ツタが壁をはい上って勝ち誇ったように天井を突き破り、屋根を覆い尽くしている。地元のサッカーチームFCストロイチェ・プリピャチの本拠地だった競技場は、広々と芝に覆われたフィールドだったが、今や小さな森と化している。事故当日にオープン予定だった遊園地は、うっそうとした草木の茂みの中で不気味に静まりかえっている。

生物への放射線の影響に関する私たちの認識を覆し、放射性降下物の降り積もった場所で、さまざまな動物が旺盛に繁殖を続けているようだ。なかでも鳥たちは、長期的な放射線による障害に対して、これまで考えられていたよりもはるかに耐性があることを示している。ポーツマス大学と西イングランド大学の研究者による調査では、鳥類の免疫系は現在チェルノブイリで計測されているのと同レベルの放射線に充分耐えることを発見した。脳の萎縮や、そのほかの異常が生じる危険性が警告されているものの、ツバメやシジュウカラといったチェルノブイリに生息する多くの鳥類には、ほぼ全くといっていいほど放射線障害の兆候が見られないのだ。

現在のCEZは野生の楽園だ。おびただしい数のヘラジカやノロジカ、アカシカが生息している。ハイイロオオカミやイノシシ、アカギツネ、タヌキなどの大型の哺乳類も、もっとも高濃度に汚染されたエリア内で確認されている。ジョージア大学のサバンナ・リバー生態学研究所の研究者が設置した固定カメラがその姿を捉えていたのだ。こうした動物たちの他にも多くの種が、取り巻く環境の開発が進み都市化され、自然の生息域が限界を超えて狭められていく中で、なんとか生き延びる場所を求めて必死で戦ってきた。

しかしここでは、かつて人間が誇る無敵の科学力の象徴が廃墟となって崩壊してゆく中で、動物たちは人間の行為がもたらしたおぞましい影響を受けることなく、自由に駆け回ることができる。CEZ内とその周辺に生息するオオカミの個体数は、地域内にある汚染されていない自然保護区4カ所の7倍以上と考えられている。今やCEZはオオカミたちの天下だ。チェルノブイリは太陽光発電所の建設適地ではないかという話をよそに、オオカミが人気のない街路をうろつき、シカが惨劇を伝える残骸の間を縫って駆け回る。チェルノブイリは自然に戻りつつある。

上：ほとんど人の気配が消えたチェルノブイリは、野生動物の楽園となっている。

人間の活動

北緯38度19分46秒
東経127度24分40秒

非武装地帯

北朝鮮／韓国
朝鮮半島

"DMZ内にはまだアムールトラが生息しているかも知れない。"

　北朝鮮と韓国（正式名称は朝鮮民主主義人民共和国と大韓民国）の間には、1953年の朝鮮戦争休戦協定の締結以降、60年以上にわたる膠着状態が続いてきた。この休戦によって北緯38度線上で朝鮮半島を横断する長さ248キロメートルの境界線と幅4キロメートルの緩衝帯、つまり、のちの悪名高い"非武装地帯"（DMZ）（実際には世界一厳重な軍事警戒態勢が敷かれる境界線）が設定された。かつて元米大統領ビル・クリントンは、この非武装地帯を"この世でもっとも物騒な場所"と呼んだという。

　DMZが世界に向ける表情は、ほぼ四六時中、むき出しの敵意だ。硬く無表情な兵士や堂々たる建物が、相手を威圧するように対峙する。その狭間に位置するのが共同警備区域だ。そこには"中立"の青色に塗られた小屋が境界線をまたいで建ち並び、外交交渉が行われる場として知られている。韓国の首都ソウルからの日帰りツアーで必見のおすすめ観光スポットでもある。

　だが、許可されている観光用ルートから遠くはずれると、DMZの一般的なイメージとはかけ離れた風景が広がる。非武装地帯を挟んだ両側（主に南側）には、その後に開発され、明らかに"人の手"が加わって大きく変貌を遂げた土地が見えている。だが、面積900平方キロメートルのDMZと、その韓国側に隣接して設けられた1370平方キロメートルの民間人出入統制区域（CCZ）については、原則的に今も外界から隔絶されたままだ。唯一の例外は、CCZ内に残された通称「自由の村」と呼ばれる台城洞（テソンドン）という村だ。村の住民は、休戦が成立してDMZの両側の境界線が確定したとき、その区域内に取り残されてしまった人々だ。彼ら（居住を認められた唯一の人々）は今も、世界が監視の目を光らせる中で微妙な立場に置かれたまま暮らしている。

　DMZとCCZ内のほかの住人については、ほとんど注目されることはない。このように極端に隔絶されているため、区域内

には驚くほど豊かな自然が広がり、その97.4％が森林と草原に覆われて、色とりどりの花が咲き乱れる広大な湿原も広がる。調査では、植物は1100種以上、魚類は80タイプ余りが確認されている。半島の西側沿岸に浮かぶ小さな島々には絶滅危惧ⅠB類のクロツラヘラサギの大規模な繁殖地があり、半島中部に広がる鉄原（チョルウォン）平野では世界のツルの仲間の10％が越冬する。その中には絶滅危惧Ⅲ類のマナヅルや同じくⅠB類のタンチョウヅルもいる。統制区域内には少なくとも50種の哺乳類も確認されており、オオヤマネコ、アムールヒョウ、ツキノワグマ、ユーラシアカワウソ、そして絶滅危惧Ⅲ類のキバノロなどが含まれる。各国の人々がとりわけ注目するのは、DMZ内にアムールトラが生息しているかも知れないという噂だ。韓国のアムールトラは公式には完全に絶滅したとされているが、境界線付近ではトラに似た足跡や木を引っかいた跡が無数に見つかっている。これは、彼らが、かつて自由に闊歩していた故郷へと戻りつつある証拠かもしれない。

DMZの内側に偶然形成されたこの特異な環境によって、統制区域をユネスコの生物圏保護区として公式登録し、多様な自然生態系を守ろうという機運が国の内外で高まっている。他に類を見ない自然の生態系や、緩衝地帯に生息する数多くの種が長期にわたって存続し、生存できるようにすることは、1950年代からにらみ合いを続ける南北両国にとって、切なる願いを叶えるために極めて重要な、国を超えた外交プロジェクトになるかもしれない。

上：共同警備区域の緊張感をよそに、DMZは手つかずの自然がそのまま残る。

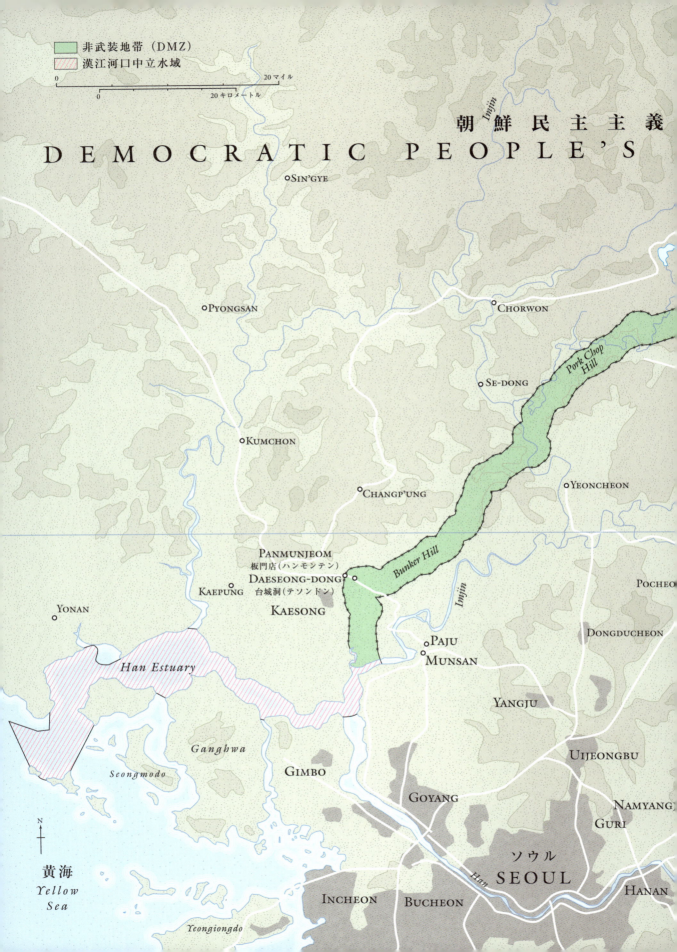

ロッキーマウンテン・アーセナル国立野生動物保護区

北緯39度50分12秒
西経104度50分14秒

米国
コロラド州コマースシティ

「私たちは手を携え、冷戦の爪痕を
何百種もの野生動物の永住の地へと生まれ変わらせた」。

ロッキーマウンテン・アーセナル国立野生動物保護区は、かつて"地上でもっとも汚染された一画"とまでいわれた場所だ。それが今では、60平方キロメートルの美しき大いなる自然そのものだ。デンバーから北へわずか16キロメートル、森林や湿地、大草原の広がるこの鳥獣保護区は、どんな大自然にも勝るとも劣らない安らぎと静けさに満ちている。その激動の歴史は、並大抵の自然保護区とは全く違うことは確かだ。

この地域の大部分がそうであるように、そもそもここは先住民がバイソン狩りをして暮らしていた土地だった。ヨーロッパの入植者がやって来ると、牛を飼う農場に変わった。ところが1940年代、真珠湾攻撃によってアメリカが全面戦争に追い込まれていくと、この土地の運命は全く違う方向へと大きく動き始める。戦争のために全国の土地が差し押さえられ、アメリカ北部のこの地域は化学兵器製造施設の建設地に選ばれたのだ。ロッキーマウンテン・アーセナル（兵器工場）と名付けられたこの施設は、神経ガスやマスタードガス、ナパーム弾を製造貯蔵する中心地となった。

第2次世界大戦が終わると、そうした化学物質の必要性は減少し、兵器庫の維持に関心が向けられるようになった。シェル石油に貸し出され、ディルドリンやアルドリン（重大な健康被害をもたらすとして、1987年に環境保護庁が全面使用禁止にするまで、トウモロコシや綿花などの農作物に広く使われた）などさまざまな有毒農薬の製造のほか、冷戦時代には兵器の製造や無効化が行われていた。1969年7月11日にニール・アームストロングやバズ・オルドリン、マイケル・コリンズをアポロ11号で月まで運んだロケット燃料も、ここロッキーマウンテン兵器工場で製造された。

1980年代初めになると、工場はすっかり荒廃してしまった。ところが、その運命を大きく変える、意外なものが見つかった。米陸軍が、数十年の間に環境中に染みこんだざまざまな化学物質（600種類以上が検

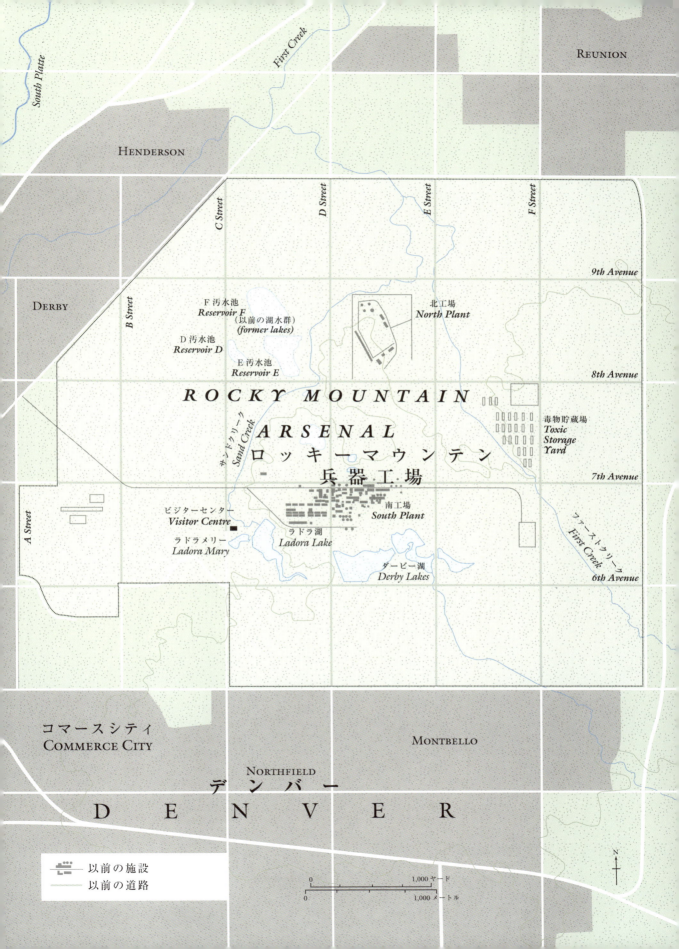

出されている)の浄化に乗り出したとき、保護鳥であるハクトウワシの巣が敷地内で偶然発見されたのだ。兵器工場だったことで外部からの立ち入りが制限され、比較的静けさが保たれていたために、ここで越冬する鳥たちがいるのは以前から知られてはいた。だが1986年、その中に当時の絶滅危惧種が十数種も含まれていることが分かったのだ(2007年にリストから除外。保護が成功した優れた事例の一つ)。世論の風向きが変わり始めた。それまでのように鳥たちを追い払うのではなく、米国魚類野生生物局が科学的な調査に乗り出した。その結果、ハクトウワシはそれまで知られていたように魚を餌とするだけでなく、周辺に生息するプレーリードッグの死骸も好んで食べていることが分かった。そこでハクトウワシの血液を採取して調べてみると、ディルドリンなどの化学物質の影響はほとんど見られなかったことから、自然保護区を設ける計画が持ち上がった。

1992年、米国連邦議会はロッキーマウンテン・アーセナル国立野生動物保護区法を可決、保護区として認定した。これを受けて2004年4月、ほぼ20平方キロメートルにもおよぶ土地が米国陸軍の管理下から魚類野生生物局に移管された。米内務省長官ゲイル・ノートンは「私たちは手を携えることにより、冷戦の爪痕をハクトウワシやミュールジカ、アメリカシロペリカンを含む何百種もの野生動物の永住の地へと生まれ変わらせたのです」と語った。

それから20年近くを経た2010年、ついに除染作業は完了した。かつて化学物質の製造に使われていた建物は全て取り壊され、最大の化学廃棄物処分場はコンクリートで埋められた。現在、敷地外に流れ出る全ての水路が慎重に管理されている。野焼きを行うことで落ち葉や雑草を取り除き、もともと自生していた植物の再生を促した。こうして敷地の風景は、化学物質製造施設へと転換される以前に、そこに広がっていた元の草原の姿へと回復した。数十平方キロメートルにわたって野草を植えることで、新たに多様な生態系が生まれ、ハクトウワシをはじめ、バイソンやシカ、コヨーテやクロアシイタチなど、330種を超える野生動物たちのすみかとなった。都市近郊にある自然保護区としては米国最大規模だ。化学物質で汚染された過去がこの土地から完全に拭い去られることは、おそらくないだろう（完全除染、つまり排出された全ての化学物質をあくまで100％除去しようとすれば、予算の21億ドルを超える何十億ドルもの金が必要になるだろう）。それでも、米国を象徴するもっとも稀少な動物たちにとっては、大自然に囲まれた居心地の良い貴重なすみかとなっている。

下：デンバーの街並みのほど近く、ロッキーマウンテン兵器工場は再びバイソンなどの野生動物の生息地となっている。

北緯46度28分57秒
東経30度43分24秒

オデッサのカタコンベ

ウクライナ
オデッサ

"ある若い女性がパーティーから姿を消し、
どうやらカタコンベに迷い込んでしまった。"

港湾都市オデッサは見所にあふれた街だ。新古典主義様式の建築が壮麗なパステルカラーの街並み、海水浴客でにぎわう黒海に面したビーチ、石畳の遊歩道、それに「ポチョムキン階段」や再建された19世紀のオペラ・バレエ劇場など、文化的なスポットも多い。だが、その足元には、全く別の地下世界が横たわる。緑あふれる街路の下に、陰惨なカタコンベが縦横無尽に張り巡らされているのだ。そこは、数百年もの間、運命に呪われたおびただしい数の魂が眠る墓場だ。

驚いたことに、トンネルは全て人が掘り抜いたものだ。地下に潜り、市民のために戦った人々が、200年にわたって重ねてきた人目をはばかるさまざまな活動の結果だ。その長さは数千キロメートルに及ぶとも言われるが、定かではない。

カタコンベは元来、スラブ語系コサック人が石灰石を採掘した場所だった。18世紀末、女帝エカテリーナ2世によってロシアから追放されたコサックの人々が黒海沿岸の街オデッサに逃げ込んだ。彼らは家を建てるために石灰石を掘り出した。こうして街は急拡大する。オデッサが発展するにつれ、天井が高く幅の広いトンネルが必要になった。掘り出した石を効率的に地上に運び出そうと、馬や荷馬車までトンネルに運び込んだからだ。10年、また10年と掘り進むうち、地下60メートルにあるトンネルは複雑に入り組み、地図になど描けないほどの巨大迷路へと拡大した。それが現在見るトンネルである。

その後、1917年のロシア革命の影響が残る中、この野放図に絡み合う地下トンネルはワインの違法な保管場所や、ソ連向けの密輸品ルートなど、あらゆる不正行為に利用されるようになった。

第2次世界大戦が勃発すると、6000人ともいわれる街の抵抗勢力がカタコンベを秘密のアジトとして利用、侵攻してきたドイツ・ルーマニア連合軍に対し、夜襲や妨害工作を行う基地になった。敵は大量の毒ガスを保有し、煙幕や食糧封鎖などやりたい

放題だったが、採掘跡のトンネル網は複雑に入り組んでいたおかげで、13あった秘密工作グループのうち摘発されたのはたった一つだった。これらの地下拠点を暴こうと捜索に踏み込んだ敵軍の兵士たちは、迷路のようなトンネルをグルグルと死ぬまでさまよい続け、生きて再び地上に戻る者はなかったなどという、恐ろしい話が語り継がれた。

以前はオデッサのほとんどの建物にカタコンベへの入り口があったが、1980年代に政府がその多くを封鎖した。しかし、迷路の奥深くに物が隠されているという都市伝説が都市の地下探検に熱中する若者たちを惹きつけて、格好の洞窟探検スポットとなる。第2次世界大戦時代の兵器や、レジスタンスがキリル文字で書いた悲壮な落書きや詩などが有名だが、タイタニック号の金の模型といった何の縁もなさそうな代物まで無造作に置かれている。おそらく、1912年のあの有名な沈没事故で奇跡的に生き残った金持ちがトンネル内のどこかに隠しておいたものだろう。

背筋も凍る都市伝説の一つに薄気味の悪い話がある。2004年の大晦日、ある若い女性がパーティーから姿を消した。どうやらカタコンベに迷い込んだまま、ついに戻ってこなかった。3年後、彼女の遺体が発見される。死因は脱水症で、息絶えるまでには数日かかっただろうという。これが実話か作り話かはさて置いて、この地下迷路で遺体が発見されたという数多くの物語のほんの一つに過ぎない。この話は謎と危険に満ちたオデッサの地下世界を如実に物語っている。

現在、カタコンベへの唯一の"公式な"入り口は「パルチザンの栄光博物館」となっている。地下トンネルで見つかった兵器や個人の持ち物、写真や文書などが展示され、トンネルの歴史を生々しく伝えている。さらに、もし噂が本当ならば、他にもトンネルに入る経路が合法・非合法合わせて1000以上残っているという。その全てを完全に閉鎖するのはほとんど不可能な話だ。さらに、今も石灰石を求めて地下へと向かう人々がいるおかげでトンネルは今だに拡大を続けている。果てしなく広がる地下の荒野に終わりはない。

上：残された通信機器や道具類が、オデッサのカタコンベが隠れ家として機能した日々を雄弁に物語っている。

人間の活動

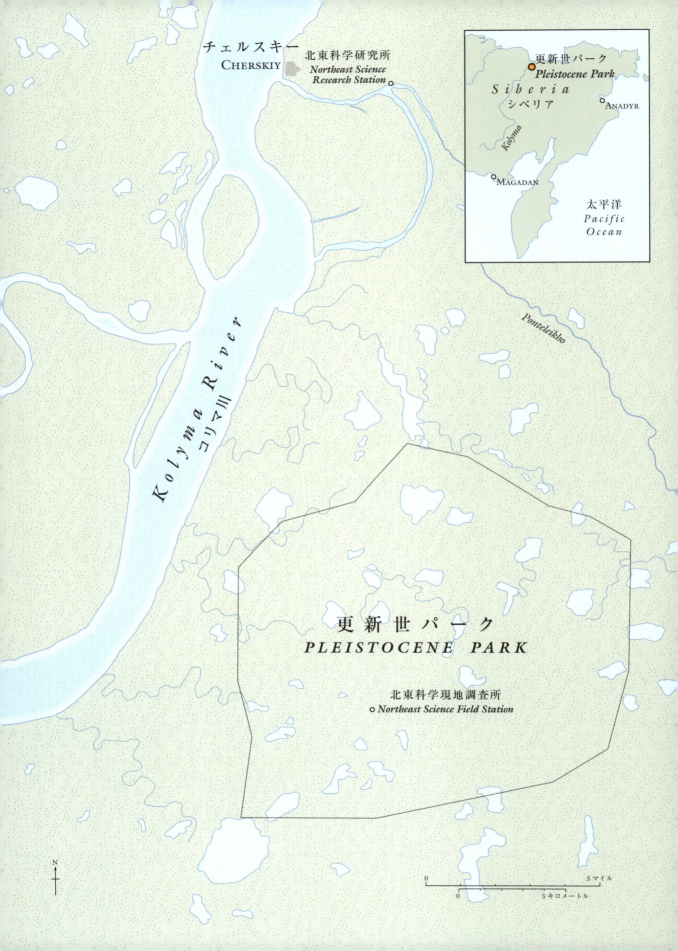

北緯68度30分48秒
東経161度30分22秒

更新世パーク

ロシア
北ヤクート

"シベリア北部の奥地に、途方もない試みが行われている実験場がある。"

1万2000年ものはるか昔、最後の氷河期（最終氷期）が終わる頃、どんな世界が広がっていたのか知っている人など、ほとんどいないだろう。私たちが知る今の世界は、湿潤で暖かく、植物が地上を覆って森や草原が青々と深く茂り、その間を縫うようにとうとうと川が流れ、湖が水をたたえている。だが地質時代の最終章、つまり更新世と呼ばれるその時期、世界は冷たい氷に閉ざされていた。ヨーロッパ大陸からユーラシア大陸、そしてベーリング海峡を越えて北米大陸に至るまで、見渡す限り、いわゆる永久凍土が広がっていた。寒さで地面はカチカチに凍り付き、その表面を巨大氷河が延々と流れてゆく。わずかな例外を除いて、その頃の地上を覆い尽くしていた環境は、現在の地球上からは消えてしまった光景だった。

私たち人間、つまりホモサピエンスは、更新世の時代に進化を遂げた。だが、人間が真の繁栄を謳歌できたのは次に続く温暖な時代、完新世になってからだ。この新たな環境のおかげで私たち人間は世界中に移動を始める。北へ向かった者はマンモスやケブカサイと出会う。巨型動物類は、最果ての凍てついたツンドラの大地に追い詰められてしまったのだ。そこは、寒さに適応した動物たちが生きられる、唯一残された生態系だった。

更新世が終わり、かつては地球の大部分を覆っていた広大な永久凍土の生息地が消失すると、マンモスなど更新世を代表する動物は、タイミル半島に広がる不毛の大地や、シベリア北部の沿岸に浮かぶ最果ての島、ヴランゲリのような、北極圏のはるか内側に位置する極北の地に追い込まれてしまった。そこは氷点下の極渦が居座っているおかげで気温が上がらず、寒冷な気候を好む動物たちにとって都合が良かったのだ。ところが、こうして地質学的な変化を辛うじて生き抜いてきたわずかな動物たちを、移住してきた人間たちがお構いなしに追い詰め、全滅させてしまった。更新世を生きた巨型動物類は人間の手にかかり、突

人間の活動

右：シベリアの自然が更新世時代を再現する舞台となっている。

然の悲惨な死を迎えることになった。

　更新世時代ほどスケールは大きくないが、実は21世紀の今も似たような永久凍土の環境が残る地域（主にシベリア北部、アラスカ、カナダのユーコン準州）がある。そのような場所は私たちにはるか昔の地質時代から学ぶ機会を提供してくれるのだ。そうした途方もない試みが実際に行われている実験場がシベリア北部の奥地、チェルスキーの町から4.8キロメートルほどの場所にある。

　その名も「更新世パーク」。気候が極めて寒冷なため、永久凍土が溶けずに残っている。草原や森林、灌木の茂みも混在し、更新世時代の光景とそっくりだ。この155平方キロメートルほどのエリアでは、バイソンやヘラジカ、ジャコウウシ、トナカイ、ヤクート馬が自由に歩き回り、オオカミやオオヤマネコ、クズリ、クマなどの捕食動物と共存しながら、人間の活動によって邪魔されることなく伸び伸びと暮らしている。こうした環境に適応できる彼らのような野生動物が繁栄するよう、積極的な試みが進められている。

　太古の野生生物をできるだけ再導入し、この壮大な実験ができる土地を拡げ続けることで、永久凍土が作り出す太古の生態系を再現しようというのだ。

　これは、ロシアのサハ共和国、チェルスキーにある北東科学研究所の所長で地球物理学者のセルゲイ・ジモフが描く、野心的な構想に基づいている。彼がこの地域の絶滅種に関する研究に着手したのは1980年代の初めのことだった。だが間もなく、何かもっと先駆的で大胆なことがやりたいと思うようになる。1980年代末、ジモフは行動を起こす。更新世を再構築するという壮大なプロジェクト、「更新世パーク」実現のために土地の確保に動き出す。

　更新世の巨型動物を代表する、あの最大の動物が戻ってくることはもうないかも知れないが、それでもジモフは可能な限りか

地の果てのありえない物語

つてと同じ環境を再現しようとしている。1930年代に一度は個体数が20〜30頭にまで減りながらも、その後400頭にまで回復している稀少動物アムールトラを、いつの日かここに迎え、保護することもあるかもしれない。

　そこまでする理由は何か？ジモフは単なる保全目的で生息環境を修復することを目指しているのではない。彼が注目しているのは、人間活動によって引き起こされた気候変動を激化させるのに、永久凍土の融解が大きく一役買っているらしいということだ。二酸化炭素やメタンといった大量の温室効果ガスが、凍ったツンドラの土壌に数千年間も閉じ込められていた（熱帯雨林が蓄えている量の2〜3倍）。気候が温暖になると、永久凍土が溶けるに従って、含まれていたガスはどんどん放出されていく。それによって温暖化が加速し、永久凍土の融解もさらに進む、という悪循環が生まれる。研究によれば、大型草食動物がツンドラを覆う雪を踏み固めると地面が冷たい大気にさらされ、その結果氷が溶けにくくなってメタンガスの排出にブレーキがかかるのだという。ジモフは、更新世に似せて作り出した永久凍土の環境をできるだけ維持し、気候変動がもたらす最悪の事態をなんとか回避できるよう願っている。この、はるか太古の環境へと回帰する試みが、今後数千年の地球を守る上で大きな鍵を握ることになるのかも知れない。

人間の活動　103

北緯40度48分15秒
西経76度20分26秒

セントラリア

米国
ペンシルベニア州

"こうして町は全住民の避難を決定。今ではゴーストタウンがあるだけだ。"

辺りには、まるで腐った卵をぶちまけたような鼻をつく硫黄の匂いが立ちこめている。道路ではアスファルトが文字通り引き裂かれ、あちこちの亀裂から黒煙が吹き出している。アメリカの典型的な田舎町の風景に、どちらを向いても人の気配は無い。誰も目を向けることのない道路標識。草むした空っぽの車寄せ。アパラチアの山に囲まれた、ごくありふれた町の在りし日の面影をわずかに伝えている。伝説的な紀行作家ビル・ブライソンが著書『ビル・ブライソンの究極のアウトドア体験』(A Walk in the Woods) の中で「これまで見た中でもっとも異様で悲しい町」と書いた場所、それがペンシルベニア州セントラリアだ。

1962年5月7日、セントラリアの町会議員たちは町の懸案事項を話し合うために集会を開いた。新しくできたゴミ集積所のゴミ処理も議題の一つだった。その時は誰も、まさかあんな事態になろうとは夢にも思っていなかったという。問題の集積所は、数カ月前、露天掘りの炭鉱跡地に作られたばかりだった。長さ90メートル、幅23メートル、深さは15メートル以上もある、使われなくなった縦坑をごみ集積所に転用するのはよいアイデアに思えた。通例となっているゴミ処理手順はいたって簡単だった。火を放って山積みのゴミを焼却し、放水してネズミを追い払えば、あとはいつも通り処理するだけだ。

5月27日の日曜日、雇われた作業員が坑口に集まった。1人がマッチに火を付け、ゴミに点火した。消防士たちは、地面に積み上がった廃棄物に火の手が回り、ゴミの山がほぼ燃え尽きたのを見届けると、くすぶっている炎に水をまき、煙がおさまったのを確認して撤収、帰宅した。首尾は上々だった。

その二日後、ゴミ集積所から黒煙が上がっているのを通行人が発見。警報が鳴り響き、集まってきた人々が見守る中、数時間後、夜更けになって再び火の手が上がる。人々はなんとか火を消し止めようと、

右：ペンシルベニア州セントラリアの地下では、半世紀にわたって火が燃え続けている。

消火ホースで水を噴射した。だが必死の消火活動も虚しく、穴は数日にわたってくすぶり続け、辺りには鼻をつく異臭が充満した。ゴミ集積所を計画する場合、火災に備え、坑道に不燃物を詰めて延焼を防止するのが優先事項とされていたが、この時、縦坑の底に長さ4.5メートルほどの、かなり大きな穴が開いているのを見落としていた。火は、この塞がれていない穴を伝い、ペンシルベニアの地下に張り巡らされた無煙炭の古い鉱脈に燃え広がっていった。火災の拡大を何とか食い止めようと、さまざまな努力が重ねられたが、結局その夏、坑内火災であることが公式に認められた。

ほぼ20年間、町の暮らしは常にこの坑内火災の危険と背中合わせだった。消火にかかる費用は膨れあがり、数百万ドルに達しようとしていた。個人であろうが団体であろうが、有効な対策を講じようにもうかつに手出しはできない。こうして主な消火活動は悪天候や資金不足から打ち切られた。最終的にいくつかの対応策が検討されて、この山腹の地下に広がり続け燃えさかる火災から、なんとか世間の目をそらすことができた。

1981年2月14日、セントラリアの名が全国に大きく報道される。祖母の家の裏庭で遊んでいた12歳の少年、トッド・ドンボスキーは、一筋の煙が地面から立ちのぼっているのに気がついた。近寄ってのぞき込も

うとしたその時、足元の地面が抜け落ちた。とっさに片腕で木の根をつかみ、必死でぶら下がった。見ると下には巨大な穴が開いていて、直径1.2メートル、深さ30メートルはありそうだった。幸いにも、通りがかりの人が事態に気づいて大急ぎで駆けつけ、少年を引きずり上げて無事救出した。

この事件だけならまだしも、それから1カ月後のこと、当時の町長ジョン・コディントンが病院に搬送されるという事態が起こった。ある晩、家中に一酸化炭素が充満し、眠っていた家族全員が危うく中毒死するところだったのだ。そのような恐ろしい危険が住民の足元に忍び寄っていた。こうして町は全住民の避難を決定。1980年代の初め頃にはおよそ1000人が住んでおり、その全員を移住させる計画がすぐに実行された。セントラリアは有毒物質に汚染されて荒れ果てた姿をさらしている。そこには見捨てられたゴーストタウンがあるだけだ。

全ての住民が去ったわけではない。それぞれ何らかの理由でセントラリアに留まることを主張した住民が7人いたという。2013年10月に7人は勝訴、生涯町に住み続ける権利を認められた。彼らの死後は、このかつてにぎわった町の他の部分同様、住居は当局の管理下で使用禁止となり、最終的には取り壊される。専門家によると、町の地下にはまだ1000年以上燃え続けるだけの石炭が残っているという。

奇妙な世界

北緯34度25分3秒
東経8度31分56秒

ガフサ湖

チュニジア
ガフサ

"古いアラブの歌は、こう嘆く。「ガフサ、そこは哀れむべき地。その水は血、その空気は毒。そこに100年住もうとも、友の一人もないだろう」"

こんなひどい言われ方をよそに、チュニジア中央部の丘陵地帯にある都市ガフサにはおよそ11万の人々が住んでいる。それでもガフサは、控えめに言っても、暮らすにはかなり過酷な土地柄だ。100年前、華麗なるエドワード王時代の代表的な旅行家ノーマン・ダグラスは、ガフサを訪れ、全くつまらなさそうにこう言った。「殺伐たる山並み」と「激烈な気温変化…夜間放射で頑強な岩もうがたれ、草木は生きる望みを喪失する」。

冬は"猛烈な寒さ"で、氷点下になることも多い。夏には40℃を超える日が数カ月間も続き、雨は滅多に降らない。そもそも雨のことなど忘れてしまうほどだ（7月の降水量は1ミリほど）。ガフサはとにかく極端な場所なのだ。人々が真夏に蜃気楼を見たとしても不思議はない。灼熱の砂漠の真ん中で、冷たい水をたたえる大きなプールに飛び込んで泳げたなら、それ以上魅力的なことが他にあるだろうか？

なんと2014年7月、そんな光景が突然現実のものとなった。ある日、砂漠から戻ってきた羊飼いたちがにわかには信じがたい湖の話をした。ガフサの西24キロメートルほどの場所に、一夜にして砂漠から不思議な湖が出現したというのだ。噂は瞬く間に広まった。物見高い野次馬が駆けつけてみると、乾ききった砂丘があるだけだったその場所には、話の通り、今や巨大な湖が広がっていた。深さは9〜12メートルほどだという。当然ながらガフサ湖は大人気の即席観光スポットになり、この不思議な現象を一目見ようと住民が押し寄せて、冷たい湖水で水浴びを楽しんだ。

では、湖はいったいどこから来たのだろうか？こんな砂漠の真ん中に、いったいどうして出現したのだろう？正確なことは不明だが、ガフサが古くからオアシスの街として知られていたことと無関係ではない。「一筋のまばゆい緑の道となり、緩やかに南へと延びるヤシの茂み」は、ノーマン・ダグラスがこの街について、なにがしかのコメントを残した数少ない風景の一つだ。

奇妙な世界　111

ガフサの周囲には20平方キロメートルを超える現代のオアシスが広がり、オリーブやアンズ、ザクロやナツメヤシの木がたわわに実をつけている。地下を流れる天然の水源が土地を潤しているおかげだ。

　ガフサ特有の地質学的背景に加え、まだフランスの支配下にあった19世紀後半から続く、チュニジアのリン鉱業の中心地であることも関係している。チュニジアは現在、世界第5位のリン鉱石輸出国であり、国の輸出品目の中でも最多となっている。こうした状況からは、ガフサ湖の水がリン酸塩で汚染されていると考えるのが理にかなっている。ことに、澄み切っていた水が突然、暗緑色に濁ってしまったのを見て、地元当局はそう結論した。当局は懸念を示し、湖の水には発がん性が予想され、放射能の恐れもあるから、水際に近づいてはいけない、さもなければ健康に害を及ぼす危険性があると警告した。似たような前例があったからだ。地中海に面したチュニジア東海岸のガベス湾で、リン酸の精製工程で排出される産業廃棄物が水質を汚染したと見られ、大量の魚が死滅して地元の漁業は大打撃を受けている。

　そんな警告などお構いなしに、ガフサの

"謎の湖"で一泳ぎしようと、大勢の人々が車で詰めかけた。フランスの国際ニュース専門チャンネル「France 24（フランス・ヴァン・カトル）」は「奇跡だという言う人もいれば、呪いだと言う声もある」と伝えた。ガフサ湖の不気味に淀んだ水に含まれているという汚染物質を避けようと考えた人も多少はいたかも知れないが、健康への悪影響を訴える政府の警告に、まともに耳を傾けようとする者はなかった。このチュニジアの人里離れた奇妙な謎の湖について確かなことは、それが謎だということだけだ。

下：砂漠の真ん中に突然出現したガフサ湖。

奇妙な世界

北緯34度24分51秒
東経126度20分59秒

茅島（モド）

韓国
回洞（フェドン）

"ある日奇跡が起こった。海が二つに割れ、そこに1本の道が現れたのだ。"

朝鮮半島の南東沿岸に浮かぶ島、珍島（チンド）。面積363平方キロメートル、韓国にある3400の島のなかで3番目の大きさで、二つのちょっと変わった理由からよく知られている。一つ目は、「珍島犬」（チンドッケ）の故郷とされていることだ。短毛種の狩猟犬で、みっちりと生えた白い毛皮とくるりと巻いた尻尾をもつこの犬は国の天然記念物に指定され、保護されている。だが、それだけでは、毎年この島に何十万もの人々が押し寄せる理由にはならない。

そこで、韓国の古い民話をひも解く必要が出てくる。昔々、珍島にはトラがたくさん住んでいた。回洞里（フェドンリ）という漁村の人々は、初めはトラとうまく共存していたのだが、やがて身の安全のために近くの茅島（モド）にみんなで逃げることにした。ところが色々不幸な偶然が重なってポン婆さんだけが逃げ遅れ、たった一人、村に取り残されてしまった。諦めてひとりぼっちで暮らすなんてまっぴらだと思ったポン婆さんは、また家族と暮らせますようにと、ヨンワンという海の神様に毎日お祈りした。するとある日、まさに奇跡が起こった。珍島と茅島の間の海が二つに割れ、水の中から1本の道が現れたのだ。その道は陽射しを浴びてまぶしく輝き、ポン婆さんに向かって手招きしているようだった。ポン婆さんは道を歩いて茅島に渡り、家族と感動の再会を果たした、という。

茅島は、これといって特に目を引くものの無い島で、1年のほとんどは同じように過ぎていく。ひっそりと目立たない島の周囲には、激しい潮の流れが不規則な渦を巻く。茅島と珍島の間に広がる海には、黄海と東シナ海がぶつかる辺りから吹いてくる潮風が静かなさざ波を立てている。ところが、この静かな小島に観光客が押し寄せる時がある。不思議な現象を見ようと半島本土からやって来る何十万もの人々だ。

珍島の回洞里の浜と茅島との間は2.9キロメートルほどで、水深が深く潮流の速い海が横たわっている。ところが年に2度、

珍島（チンド）
JINDO ISLAND

HOEDONG
回洞里（フェドンリ）

陸繋砂州
seasonal low tide sandbar

Geumhodo
Island

GEUMHODO
VILLAGE

茅島（モド）
Modo
Island

茅島里（モドリ）
MODO VILLAGE

黄 海
YELLOW SEA

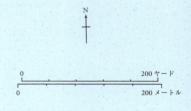

潮が遠く沖まで引き、歩いて渡れるほど水深が浅くなることがある。最後には、わずかな時間だが、幅40メートルほどの1本の砂の道が海から現れ、島まで海底がすっかり露出する。この不思議な現象はさまざまな名で知られていて、「モーゼの奇跡」などと呼ばれることもあるが、「珍島の海割れ」というのが一般的だ。

　このような現象は当然、観光客に大人気で、水上の道は茅島と珍島の間を歩いて渡ろうという大勢の人々でにぎわう（往復するには急ぎ足で歩く必要がある）。混雑のピーク時には、この不思議な自然現象を体験しようという50万もの人々で狭い道がびっしりと埋まる。歩いているというより行列していると言う方が妥当だろう。途中にはハマグリやタコ、海藻やそのほかの魚介類が打ち上げられていて、人々はついでに拾いながら歩いていく。

　この珍現象について、ひとりぼっちの老婆の祈りより、もう少し科学的で説得力のある説明をしてほしいという人もあるだろう。それなら、海割れの出現は英国の優れた物理学者ケルビン卿（ウィリアム・トムソン卿）が1867年に初めて唱えた理論、潮汐調和によって説明できる。世界の潮汐に影響を及ぼす複数の要因（地球、太陽、月の相対位置など）を考慮して、予測可能な干満パターンを見いだそうとする理論だ。このようにさまざまな影響力の全てが組み合わさり、満潮・干潮時の潮位が例外的に高く、あるいは低くなる場合がある。茅島と珍島の間の水深が特に深いことで、干潮時に潮位が極端に低くなって海底が露出し、海割れの現象が出現するのだ。

　今では、その時期になると人々が殺到し、なかなか前に進めないほどの混雑ぶりだ。そこで毎年「海割れ祭り」を開くことになり、民俗劇や民謡、舞踊など、島の伝統文化や郷土芸能を紹介している。祭りのハイライトは、松明を持って島まで歩いて渡る夜明けのイベントと、伝説のポン婆さんをまつる祠に人々が祈りを捧げる儀式だ。海割れという不可思議な現象を裏付ける科学的根拠は重要だが、人々の心に響くのは海神ヨンワンに祈りを捧げるポン婆さんの物語なのだ。

右：年に2度現れる「海割れ」の道を歩こうと、大勢の人々が島を訪れる。

奇妙な世界 117

北緯43度4分29秒
東経15度27分34秒

ジャブカ

クロアチア
アドリア海

"水も食料も尽き、心配して探しに来てくれる人もなく、
殺風景な島で4人は悲惨な死を遂げた。"

大航海時代の船乗りたちが地球の磁気を使って航海する術を知らなかったなら、大海原で文字どおり迷子になっていただろう。GPSなどの最新テクノロジーがどこでも利用できるようになった今日でさえ、例えば地中海に浮かぶ豆粒のような島々の間を縫って進む小型船にとっては、素朴なコンパスもいまだ現役のツールだ。アドリア海を通りかかり、わざわざジャブカ島に寄ってみようなどという向こう見ずな海の男は痛い思いをするだろう。ジャブカ島、それは悪名高き"磁石の島"なのだ。

ジャブカ島は海面に顔を出した海底火山の山頂だ。円錐形をした火成岩の小島で、紺ぺきをたたえる海原と光に満ちた大空とに挟まれ、まるで水平線に浮かんだ暗い灯標にも見える。巨大な松かさみたいだとか、エジプトのピラミッドに似ているとか、変わったところではリンゴに見えるなど（取りあえずの一番人気。「ジャブカ」はクロアチア語で「リンゴ」の意味だ）、ありとあらゆる物に例えられてきた。隣り合って並ぶブルスニク、スベタクの2島とともに、クロアチアの1000以上もの島々から成るダルマチア諸島の一部となっている。

だがジャブカにはもう一つの顔がある。地中海東部を航海していると、この島の辺りで羅針盤が奇妙な動きを見せ始める。島のほぼ全体を構成しているのは豊富な鉄鉱石を含む火山性の磁鉄鉱だ。その磁性が通常の地球の磁力を圧倒し、船乗りたちを困らせる。船がそばを通りかかると、島の磁気に引っ張られて羅針盤は方向を見失い、北を指していた針がグルグルと狂ったように回り出す。そもそもこの辺りは頻繁に起こる地震に脅かされている地域でもある。クロアチアの港町ザダルとスプリトを結ぶ沿岸は地震の多発地帯で、ジャブカ-アンドリヤ断層系の活動が続いているため、年間1000回以上もの微小地震が発生している。そうした不安定さがもたらす副産物の一つがジャブカの磁気だ。

この辺りの老練な船乗りたちを見習っ

奇妙な世界

て、島の周囲を避けるべき理由は他にもある。ジャブカに上陸しようとすること自体が浅はかな行動なのだ。島の周囲の海はとても深くて投錨には向かないし、切り立った岩壁が天を突いてそびえ立つ。高さ91.5メートルのジャブカは全くの無人島で（そもそも人が住むのには向いていない）、たくましいダルマチアカベカナヘビや、周囲の珊瑚礁に生息する小さなヨーロッパアカザエビ（スキャンピ）の群れなど、一握りの野生動物が見られるだけだ。

だが、危険を冒して島に近寄る者が全くなかったわけではない。アドリア海沿岸を往来する商人や旅行者たちが残した古い文献には、突然目の前に現れたジャブカの個性的な島影について書かれた記録がたくさんある（"メリセラ""ミロ""ポモ"など、ありとあらゆる名で呼ばれ、地図製作者泣かせだったのは無理もない）。注目されるのは、島をかすめて飛び回るおびただしい数のハヤブサについて触れた記録が、かなりの数に上ることだ。かくして、ハヤブサ狩りはジャブカ島で大ブームを巻き起こした。大勢の人々が船で島に押しかけるようになり、ゴツゴツした岩だらけの小さな島は喧噪(けんそう)の渦に巻き込まれた。あわよくばハヤブサを1羽か2羽捕まえて売りさばこうと、命がけで殺到したのだ。

確かに危険な儲け話には違いなかったが、リスクを冒すだけの価値はあると思われた。イタリアやドイツ、フランスの裕福な客にハヤブサを売れば、かなりの金を手にすることができたのだ。16世紀フランスの織物と絹を扱う商人ジャック・ラ・セイジュの日記に、哀れな4人の男たちの話が残されている。ハヤブサで一儲けしようと、1516年、4人はジャブカに上陸した。ところが、船をしっかりつないでおかなかったために突然襲った嵐で縄がほどけてしまった。彼らは、アドリア海へと流されていく舟影をなすすべもなく見送るしかなかった。水も食料も尽き、心配して探しに来てくれる人もなく、殺風景な島で4人は悲惨な死を遂げた。

ぽつんと海原に浮かぶ、風変わりな姿をした島は、今では毎年開催されるボートレースで重要な目印の役目を果たしている。クロアチアの港町ボディツェを出発、イタリアの方向にアドリア海を直進、ジャブカでUターンしてスタート地点へと戻るという、往復145キロメートルのレースだ。もちろん、途中で迷子にならなければの話だが。

上：ジャブカ島の周囲には弱い磁場があり、近くを通る
船のコンパスを狂わせる。

奇妙な世界　　121

北緯10度1分40秒
西経71度34分37秒

マラカイボ湖

ベネズエラ
マラカイボ

"先住民バリの伝説では、稲光は何百万もの蛍の集まりだという。"

スペイン帝国はベネズエラ独立戦争によって、南米の貴重な植民地の一つを失った。この戦争の最後を決する舞台となったのが、ベネズエラの北西部、カタトゥンボ川の河口に位置するマラカイボ湖だ。1823年7月、ホセ・プルデンシオ・パディーヤ提督が指揮する独立派共和軍と、アンヘル・ラボルデ艦長率いるスペイン艦隊がマラカイボ湖上で激突した。ベネズエラで言い伝えられている通りならば、この歴史的瞬間を左右したのは自然の驚異だった。

パディーヤ率いる艦隊が湖に停泊すると、ラボルデは密かに戦闘陣形を組むよう、各艦船に命じた。夜陰に紛れ、彼らは外海から湖へと忍び込むように船を進めた。パディーヤと共和軍の不意をつこうという作戦だった。ところが、そこへ突然の邪魔が入る。閃光が夜空を引き裂いたかと思うと、マラカイボ湖を真昼のように明るく照らし出したのだ。スペイン艦隊の潜伏場所もさらけ出され、作戦は台無しになっ

てしまった。パディーヤはすぐさま攻撃を命じ、スペインのほぼ全艦隊を撃破。艦船数隻を拿捕し、何百名もの敵兵を捕虜にするか殺害した。こうして独立派勢力は、アメリカにあるスペイン植民地の解放を阻む帝国勢力にとどめを刺した。

ラボルデの企てを見事に頓挫させた、この現象はいったい何だったのだろうか。土地の語り部が伝えるところによれば、それこそが「カタトゥンボの雷」として知られている現象だったのだという。1時間に何千回も稲妻が走り、湖に落雷する、いわゆる"終わりなき嵐"だ。南北150キロメートル、東西109キロメートルのマラカイボ湖は南米最大の湖であり（湖ではなく、海とつながった入り江と捉えた場合は、アンデス山脈にあるチチカカ湖が南米大陸最大の湖となる）、平均すると世界のどこよりも落雷が多発する場所だ。1分間に28回、年間300日、合計すると年間およそ120万回も落雷している計算だ。これはコンゴ民主共和国の高地の村キフカや東インドのブラ

124　地の果てのありえない物語

フマプトラ渓谷の落雷数を上回る。稲妻の最盛期は8〜9月の雨季で、1〜2月頃がもっとも少ない。夜空に走る閃光は160キロメートル離れた場所からもはっきりと見える。19世紀の初め、ドイツを代表する探検家で博物学者のアレクサンダー・フォン・フンボルトは、大航海時代の船乗りたちがこうした電気の嵐を「マラカイボの灯台」と呼んで航路の目印にしたと書いている。

毎年、湖の1平方マイル当たり500回以上も落雷するこの現象は、熱帯のカリブ海から流れ込んでくる暖かい空気と、雪を頂くアンデス山脈から吹き下ろす冷たい空気とがぶつかって発生すると考えられている。高さ3657メートルに達する急峻な山腹に四方を囲まれたマラカイボ盆地では、暖かく湿った空気が上へ上へと押し上げられ、上空9000〜1万2000メートルにまで到達して塔のようにそびえ立つ濃密な積乱雲を形成する。雲の内部では二つの気団が衝突して静電気が発生し、次第に電圧が高まってゆく。こうして、大気の状態によって引き起こされた放電現象が毎晩繰り返されるのだ。地上では、この地域に生息するオオハシやイグアナ、アリゲーター、ホエザル、ジャガー、ボア・コンストリクターや、そのほか外来種の森林野生生物が夜空を見上げ、華やかなショーを楽しんでいるのかも知れない。

いくつか別の説もある。地盤のウラン鉱床が落雷を引き付けているとする説や、湖の底に滞留する石油から大量のメタンが発生し、盆地内の空気の導電性を高めているとする説まである（ベネズエラから輸出される石油の約3分の2はマラカイボ湖を通過して運ばれる）。また、先住民バリの伝説では、稲光は何百万もの蛍の集まりだという。原因が何であれ、稲光はこの地方の象徴だ。マラカイボを州都とするスリア州の旗には、マラカイボ湖の水を表す青、スリア州の豊かな石油資源を示す黒、そして暖かな黄金に輝く太陽とともに、稲妻が描かれている。スリア州の州歌「Himno de Zulia（"波に乗って"という意味）」は 'La luz con el relámpago, tenaz del Catatumbo, del nauta ja el rumbo, cual límpido farol' と、ささやくように優しく歌う。「明るいランタンのごとく稲光が煌めき、揺るぎなきカタトゥンボへと旅人は針路を定める」という意味だ。カタトゥンボの雷は単なる気象現象ではない。比類無きこの土地を故郷と誇る、ベネズエラの人々のアイデンティティーそのものなのだ。

左：マラカイボ湖では壮大な稲光の嵐は日常的な光景だ。

奇妙な世界

北緯30度15分32秒
東経120度20分32秒

銭塘江
せんとうこう

中国
杭州

"こんなに川幅があるのに、そんな高いところにまで
水が来るわけはないじゃないか。"

1888年、英国の司令官ウィリアム・ムーアが英艦船ランブラーの指揮を任されて極東の英植民地、香港に駐留していた時のことだ。その日、彼はある不思議な現象を調査するように要請を受けた。その現象は銭塘江という川の河口で発生するのだという。銭塘江は、上海の南西170キロメートルに位置する近代都市杭州を流れ下り、東シナ海へと注いでいる。その河口に奇妙な高潮が突進して川を遡り、辺りを大混乱に陥れて通り過ぎる。高潮の原因は、1000年も前の殺人事件で遺体が川に投げ込まれたからなどと、地元では伝えられているという。

ムーアは艦船ランブラーで現場に到着すると、それを待った。地元の漁民たちがジャンクや中国伝統の帆船を水面よりかなり上の高台に念入りにくくりつけているのを見て、ムーアはあざ笑った。こんなに川幅があるのに、そんな高いところにまで水が来るわけはないじゃないか。彼は何艘かのボートを川に降ろし、高潮が来たら調査するようにと命じた。ところがなんとしたことか、突然激流が押し寄せたかと思うと、わずか10分ほどで水位は2.7メートルも上昇、ボートは全て水にのみ込まれてしまった。村人たちは先刻承知だったから、絶対安全な場所に船を移動させておいたのだ。

潮の逆流現象「海嘯」の始まりは、ドラマチックで息をのむ。潮風でさざ波の立つ穏やかな海面が、いきなり直立した水の壁となって、全てを押し流しながら凄まじい勢いで川上に向かって突進してゆく。このような現象には予想を超えた事態が伴うと、口を酸っぱくして警告されても、人々は自分の力を過信して状況を見誤ってしまうものだ。ここ、銭塘江のような大きく開いた河口の危険はなおさらだ。

大逆流が起こるのは満月または新月の大潮の時だ。月の強い引力が海に影響を及ぼして大きく潮位が上がり、巨大な波が河口へと一気に押し寄せる。英国南西部にあるセバーン川の例は世界でもっとも研究が進

んでいる海嘯で、いつも物見高い人々でにぎわっている。こうした現象が見られる場所は世界で80カ所余りが知られていて、そのほとんどは川幅が広く、潮の干満の差が大きいという条件を満たす場所だ。そのうち、世界最大規模の逆流現象が、大西洋からアマゾン川を遡るポロロッカと、そしてこの銭塘江だ。銭塘江の河口は水深が浅く、独特の三角形をしている。入り口の川幅は99.7キロメートルもあるが、すぐに3.2キロメートルにまで狭まる。これが海嘯の勢いを増幅させるじょうごの働きを果たしているのだ。こうして世界最大級の逆流現象が発生する。

　今や海嘯は、人口600万人の大都市となった杭州で「シルバードラゴン」と呼ばれ、一大イベントとなっている。大逆流が発生する時期は驚くほど正確で、毎年、旧暦の8月18日、つまり9月または10月の中秋節の間と決まっている。数千人にのぼるおびただしい数の観光客が大逆流を見ようと杭州や塩官鎮の街に押しかける。川に沿って金網やコンクリートの壁が張り巡らされ、その内側から有名な現象を見物できる。時速40キロで海から押し寄せた水の壁が、高層ビルや立派な橋を背景に猛烈な勢いで駆け抜けて、歩道や道路を波にさらってゆく。大人気のサーフスポットでもあり、このとてつもない波をものにしようと腕自慢のサーファーたちが世界中から殺到する。だが年々、波のスピードやパワー、高さを甘く見て、けがをしたり命を落とす人が増え、事故のニュースが後を絶たない。100年前にムーアが犯した過ちは今も繰り返されている。

上：中国の杭州市は、凄まじい高潮が押し寄せる世界最大の海嘯現象で有名だ。

奇妙な世界　127

北緯55度9分25秒
西経6度6分29秒

ラアリーマ

北アイルランド
バリーキャッスル

"地下に張り巡らされている未発見の水路を通り、
2日ほどかけてたどり着いているらしい。"

ジョン・マギー・マクニール大佐は駅へ向かおうとしていた。1898年9月30日、従兄弟のダニエル・マクニール船長と一緒に北アイルランドの北西部沿岸にある町、クーシェンダンに滞在していた時のことだ。

午後1時、彼は20キロメートルほど先のバリーキャッスルへと馬車で出発した。そこで3時発の列車を捕まえるつもりだった。あいにく、ここ数日激しく降り続いている雨で、道は所々水浸しになっていたから、たいていの旅人はその日の移動を諦め、雨脚が弱まるのを待っていた。

道のりの半分辺りまで来たところで、馬車は湖に差し掛かった。地元では、この湖は天気によって水位が激しく上下することで知られていた。その日の増水ぶりはものすごく、あふれる水をかき分けるように中ほどまで進んだところで、馬たちはもうそれ以上前に進むのを止めてしまった。御者がなだめてもすかしても、馬はびくとも動こうとしなかった。迫り来る水に怯えた一頭の馬が、前脚を高く上げて立ち上がった。その脚を下ろした時、脚は大きく道を踏み外し、馬はもう1頭の馬と馬車を引きずって、御者と乗客もろとも湖へと転落してしまった。

これが人を欺く「消える湖」の物語だ。本当の名前はラアリーマ、ゲール語で"枯れた水"といった意味だ。かつてマクニールが通った道は、湖のあるくぼ地を真っ直ぐに突っ切っていたから、水位が低い時にしか通ることはできなかった。現在、ここを走る幹線道路A2号線は湿地を埋め立てた上に作られた土手道で、かつてのような悲惨な事故が起こることはほとんどないが、マクニールの馬車が突如巻き込まれた現象は今も見られる。この比較的小さな湖の水深は激しく変動し、水が完全に干上がっている場合もあるし、深さ6メートル、長さ400メートルほどの湖が出現することもある。この地方は雨が多いが、特に豪雨の後には、全く水が染み込まない岩の上に少なくとも3筋ほどの激流が現れ、勢いよ

奇妙な世界　131

く湖に流れ込む。湖は12〜18時間ほどで満杯になってしまう。

　水には泥炭（ピート）が沈殿しているので、ひどく濁っている。水面のすぐ下に浸した手も見えないほどだ。雨が止んだ後は4〜6日間ほど、水は1滴残らず消えてしまう。2015年に北アイルランド地質調査所がカメラを設置し、10カ月間にわたって湖の水位変化を記録した。溜まっては消え、消えては溜まる湖の干満の繰り返しを低速度撮影の映像で捉え、つぶさに観察できるようになった。グーグルの「ストリートビュー」の車が3年の間隔をあけて2度、湖を通った際に撮影した一連の写真にも、それぞれ満水時と干水時の湖の様子が偶然にも捉えられていた。一方の写真は完全に干上がった湖、もう一方は増水した湖がグーグル車の両側に広がっている様子を映し出していた。しかし、極めて重要な事実は、川であろうが水路であろうが、湖から流れ出しているものが何もないということだ。このことは多くの疑問を投げかけている。例えば、水位はなぜこんなにも激しく変動するのだろう？湖が干上がるとき、水はどこへ行ってしまうのだろう？

　その答えは、どうやら湖の底にあるじょうご状のシンクホールに隠されているようだ。流量は多くはないが、その穴を通って水が流れ出している可能性がある。シンクホールから排水される量以上の水が湖に流入すれば、湖には水が溜まる。排水量が減れば、すぐに水位も下がる。だが、湖から直接流れ出している川や小川や水路は、どこにもない。ラアリーマからおよそ1キロメートルの場所に、完全に乾いた川がある。その近くに、まるで魔法のように、地面から勢いよく水が湧き出ている場所がある。染料を流して追跡したところ、この豊かな湧水はもともとラアリーマに溜まっていた水だということが分かった。地下に張り巡らされている未発見の水路を通り、湖から2日ほどかけてたどり着いているらしい。

　その上、奇妙なことに、この湧水の水量はラアリーマに溜まっていた水量の2倍だという。余分な水はいったいどこからやって来たのだろうか？有力な説は、この辺り一帯の地下には岩の間にできた小さな亀裂など、隠された水路網が張り巡らされているというものだ。水はそこを通って湖と川の間を運ばれているから、地元の住民も全く気づかなかったというわけだ。とはいえ、北アイルランドの田園にある風変わりな湖をめぐっては、まだ多くの謎が残されている。

右：激しく変動する水位はラアリーマの重要な特徴だ。

隔絶された場所

北緯21度13分29秒
東経51度7分10秒

エンプティークォーター（空虚の地）

サウジアラビア／オマーン／アラブ首長国連邦
サラーラ～ドーハ

"そこでは自然がすべてを握っている。どんなテクノロジーをもってしても、砂嵐を止めることも予測することもできない。"

高さ300メートルにも達する巨大な砂丘。漠として単調な、はるかなる地平の果てへと数百キロメートルも連なる。湿った流砂が突然現れて、旅人たちをのみ込んだとも伝えられる。サソリやヘビ、アラビアオオカミ、アカギツネ、カラカル、すべての生き物たちは、年間降雨量1インチ未満という環境の中で生き残りを懸けて闘っている。文明からはるか遠く、フランス全土がすっぽり入ってしまうほど広大なルブアルハリ砂漠。面積65万平方キロメートル、またの名を「エンプティークォーター」（空虚の地）と呼ぶ。

「南極大陸以外で最大の未開の大地」。1930年、ニューヨークに本部を置くエクスプローラーズ・クラブはエンプティークォーターについて、こう表現した。その茫漠たる砂の大地は、湾岸諸国、正確にはサウジアラビア、イエメン、そして現在のオマーン・スルタン国とアラブ首長国連邦（UAE）にまたがって横たわる。

当時、この恐るべき砂漠では初踏破を狙う競争が繰り広げられていた。「それができるのは飛行船だけだ」と断じたのは、あの偉大なる T. E. ロレンス（"アラビアのロレンス"）だ。

英国人バートラム・トマスは、ロレンスの鼻をあかしてやろうと意気込んだ。1930年末、彼は探検仲間のシャイフ・サーリフ・カルート・アル・ラシードゥ・アル・カスィーリーと共にオマーンのサラーラから密かに出発した（許可申請しても拒否されるだろうと、正式許可無しで決行した）。15頭のラクダと遊牧民ベドウィンのキャラバンを伴ってオマーンを縦断、日中の猛暑と夜間の極寒とに苦しみながら、重い足をひきずって一歩一歩、エンプティークォーターを進んでいった。後にトマスは著書『アラビア・フェリクス（「幸福なアラビア」という意味）』で「真紅と金色のクレヨンで彩られた東の空の元、はるか彼方の地平を陽光の黄色いリボンが縁取る」と表現した。一行は過酷な砂漠をじりじりと進み続け、出発から2カ月後、ついにカタールの

ドーハにたどり着くと、大急ぎでバーレーンまで脚を伸ばし、電報を打った。彼らの成功のニュースは世界中を駆け巡り、新聞の一面を飾った。

探検ブームのこの時代、人々はトマスの後に続こうと熱狂したが、たいていは夢に終わった。ところが1932年、また別の英国人探検家、ハリー・セント・ジョン・フィルビー卿がこの砂漠を逆ルートで横断し、1940年代後半には著名な探検家ウィルフレッド・セシジャーが二人の先達に続いて苦難の冒険へと乗り出し、話題をさらった。彼は代表作『Arabian Sands（アラビアの砂）』の中で、エンプティークォーターを「アラビア探検最後で最大の難関」と言った。さらに「そこが、かつて考えられていたような踏破不可能な砂漠ではないことをバートラム・トマスが証明した」とも書いた。「そこに長く留まれば自分の限界が試されることになっただろう。そのほとんどは未踏の地だった。まだ誰も行ったことのない所に行きたいという衝動を満足させてくれる、わずかに残された場所の一つだった」。セシジャーの一行は1945〜49年に2回の砂漠横断を行い、通った場所を詳細に調査した。セシジャーはアラビア探検の象徴的存在として歴史にその名を刻んだ。

この地は昔から、野心的な探検家たちを引き付けてきた。1920年代のアラビアのロレンスなど、有名人の冒険談や写真が人々の夢をあおった。「思わせぶりな愛人のようなものだ。手招きしておいて突き放す」。トマスは自分とエンプティークォーターとの関係を、そう表現した。「エンプティークォーターは私に旅行家としての栄誉を手にするチャンスをくれた。だが、それだけではない。空っぽの荒野に、私は孤独ゆえの平穏を見いだすことができたし、ベドゥたちとの間には、厳しい世界ゆえの友愛の絆を結ぶことができたのだ」

ベドゥ、つまり生粋のベドウィンは、ト

マス以来、エンプティークォーターを探検する人々の欠かすことのできない旅の伴侶となっていた。正しいルートや、飲み水が手に入る井戸の場所など、彼らが素っ気なく「砂」と呼ぶ土地について身につけている知識のおかげで、トマスをはじめとする著名な探検家たちは偉業を成し遂げることができたのだ。今日では、多くの遊牧民族が辺境の砂漠を離れ、開発の進んだアラビア半島の海沿いの地域へと移動している。エンプティークォーターからベドウィンの人々が去り、彼らと共に祖先から受け継いだ豊かな知識も失われて、荒野を目指す探検家たちにとっての損失となっている。

　最近になって、英国の探検家マーク・エバンスがエンプティークォーター横断の旅を企画した。2015年末、トマスのルートをそのままたどり、49日間をかけてサラーラからドーハまで歩き通したこの旅の様子は、世界中で報道された。「私たちの体験はトマスの時とは時代も違うし、不確実な要素もはるかに少なかった」とエバンスは振り返る。「だが、自然環境はいつの時代も変わることなく、厳しく私たちの前に立ちはだかる。どんなテクノロジーをもってしても、砂嵐を止めることも予測することもできない。次の井戸の水が硫黄臭くないか、飲めそうなのかといったこともわからない。放棄されたままの石油探索基地の他は、30日余りというもの、人の気配を感じたことはなかった。あまりに広すぎて、一番大きな広角レンズでもその壮大さや美しさを真に捉えることができないような、砂の大海原を旅する栄誉を与えられたのだ」。エンプティークォーターは、その人を寄せ付けないよそよそしさで、21世紀の今も果てしなく荒涼とした大地であることに変わりはなく、これまで以上に空虚であることは間違いない。

下：エンプティー・クォーターでは砂丘が高さ300メートルにもなることがある。

マブ山の熱帯雨林

南緯16度16分57秒
東経36度22分54秒

モザンビーク
マブ山

> 「多数の固有種が発見されたことは、このエリアが長期にわたって
> 隔絶されていたことを示し…さらなる新種の発見が期待される。」

　この21世紀の世の中に、世界には人間がまだ知らない空白が残されていることに愕然とすることがある。もしかしたら、そこには有益な知識が秘められているかも知れないのだ。そんな場所の一つが「グーグルの森」だ。モザンビーク北部に広がる、面積77.7平方キロメートルに及ぶこの驚くべき密林の存在は、つい最近まで科学界には全く知られていなかった。

　転機は2005年に訪れた。英国の生物多様性の研究者ジュリアン・ベイリスが、たまたまグーグルアースで検索していた時のことだった。グーグルアースは大規模なバーチャル地球儀ソフトだ。彼はマラウイ南部にある隔絶された場所、ムランジェ山の近くを眺めていた。

　その少し前まで、彼はムランジェ山保全トラストで働いていたからだ。ウェールズ北部にある研究室でコンピューターの前に座り、彼は国境のモザンビーク側にある謎めいた山々に注目した。衛星画像には何カ所か周囲に比べて明らかに緑が濃い部分がある。「その山々については何の情報もありませんでした」と彼は話す。その時ベイリスはまだ、自分がアフリカ南部最大の熱帯雨林を発見したことに気づいていなかった。ロンドンにあるイギリス王立植物園（キューガーデン）によれば、そこは「多種多様な生物であふれた広大な手つかずの中高度森林」である。

　2005年12月、ベイリスはこれらの山を詳しく調査するため、研究チームと共にモザンビークの現地にやって来た。「私は調査に入る山の選択に取りかかりました」と彼は振り返る。

　「選択基準は標高1500メートル以上の山であることでした。一般的に生物多様性や固有性の観点から興味深い事実が観察されるからです。生物の種類はこの高度で隔離される傾向があり、従って新種が発見される可能性があります」。マブ山の山頂を目指す最初の試みは失敗に終わった。急な斜面を4分の3ほど登ったところで飲料水が尽きてしまったのだ。はるか山頂の向こうに

は、地平線まで見渡す限りの緑の領域が広がっていた。それはベイリスが英国でコンピューター上に発見した、あの領域だった。

翌日、別のルートをたどった彼らは、ついに自然のままの事実上手つかずの場所を発見した。遠くからかすかに鳥のさえずりや虫の音が聞こえてくる以外、静寂と平穏に満ちていた。「初めて訪れた時は、それはもう興奮したものです」とベイリスの声が熱気を帯びる。「私たちが初めて森を見て脚を踏み入れ、それまで疑問に思っていたことを確認した時でした。そこはまさにあの熱帯雨林でした」。木々がうっそうと生い茂る森の内部や、樹冠が作るひんやりと暗い木陰を調査した結果、おびただしい数の鳥類、植物、昆虫など、驚くべき発見の数々がもたらされた。その多くが全く未知の新種だった。

2008年末、ベイリスは再びマブ山を訪れた。ダーウィン・イニシアチブ（英国政府によるプログラムで、途上国における生物多様性保全活動の支援を目的とする）が資金提供するイギリス王立植物園の国際調査チームに加わったのだ。

熱帯雨林の周囲では自然が損なわれ、悲惨な状況だった。10年に及ぶ内戦が1992年に終結したために、50年前に比べてこの地域の人口が減ったままになっていることが大きな原因だった。だが調査地は、研究者が期待していた通り、手つかずの原生林のままだった。人が出入りすることがほとんど無く、森の存在すら知られていなかったことが幸いして、この驚くべき環境が守られた。

唯一見られた人間活動といえば、紛争の間、村人たちの避難場所として使われてきたことぐらいだ。調査隊は多様多彩な数々の珍しい種を発見した。その中には希少種のランやカレハカメレオン、ハイガシラヤブコマ、そのほか、絶滅危惧III類に指定されている鳥類、さらには、それまで知られていなかった数々のヘビの種類も含まれていた。2014年にベイリスたちが作成した報告書には次のように書かれている。「マブ山とその周辺の山で多数の固有種が発見されたことは、このエリアが長期にわたって隔絶されていたことを示し…さらなる新種の発見が期待される」

マブ山の熱帯雨林は「バタフライ・フォレスト」の名でも呼ばれている。ここでは何百種という色鮮やかなチョウが山の頂に集まって、見事な演舞を繰り広げるさまが目撃される。「目を見張るような光景です！」とベイリスも言う。「最初は何も変わった様子はないのに、気がつくとそこらじゅうをおびただしい数のさまざまなチョウが舞っているのです」。

この現象は1時間ほど続く。10月と11月の雨季に入った頃、昼近くになると始まるという。いくつかの全くの新種のチョウがこの森で見つかっており、その中の一つ、ベイリスキモトエタテハ（Cymothoe baylissi）には、コンピューター上の地図のおかげで偶然にも最初にこの森を発見した人物の名にちなむ。

「ビクトリア時代の探検家の、失われた世界の発見と変わりありません。地元のポー

上：マブ山の手つかずの熱帯雨林は、なんとグーグルの衛星画像から発見された。

ターたちを連れて数週間歩き続けなければ、そこにはたどり着けないことなど、そっくりなことばかりです」とベイリスは話す。「ここはめったにない場所だということは確かです。だからといって、私たちは見つけてしかるべきものをすべて発見し尽くしてしまったわけではありません。まだ発見も調査もされていない場所は、他にもたくさんあると思います」

隔絶された場所

北緯17度45分0秒
東経10度4分0秒

テネレの木

ニジェール
テネレ砂漠

"かつてはキャラバン隊が何十頭ものラクダを連れて
この木の下を通り、砂漠地帯を行き交っていた。"

見渡す限りの砂の海。砂丘が姿を変えるほか、動くものは何もない。なんと孤独な場所だろう。日照時間が年間4000時間を超え、気温は常に38℃を上回る。それもまたあまりに過酷だ。だとすれば、"ニジェールで一番有名な木"などともてはやされた「テネレの木」（l'Arbre du Ténéré）は、なんて哀れなのだろう。そのアカシアの木は300年もの間、殺風景なサハラの荒野の真ん中にぽつんと1本立っていた。半径400キロメートル圏内に生える唯一の植物だ。何百年もの間、このたった1本の木は、行き交う遊牧民や商人たち、特にサハラ砂漠を越えて塩を運ぶキャラバンにとっては重要な道しるべとなってきた。塩のキャラバンは、アイル山地の南東端から東にある小さなオアシスの町ファチまで、古くからの600キロメートルに及ぶキャラバンルートを旅する。地下40メートルから水を吸い上げて立つ有名なテネレの木は、この地方に伝わる無数の地図に載り、歴史的文献にも登場してきた。退屈で単調な炎暑のサハラの真ん中では、行き交う旅人たちにとって数少ない絶景ポイントだった。

周囲に広がるテネレ砂漠は、岩だらけのアイル山地と共に、アフリカ大陸最大の保護区を構成している。アイル・テネレ自然保護区だ。対照的な二つの景観が7万7700平方キロメートルにわたって広がる。他に類を見ない野生動物のホットスポットで、保護区内に40種の哺乳類が確認されている。その中には砂漠に住む食肉類も含まれ、愛嬌のある大きな耳が冷却装置の働きをして砂漠の暑さから身を守っているフェネックギツネやオジロスナギツネ、絶滅危惧IA類のサハラチーターがいる。さらに鳥類165種、は虫類18種を含む。さらに、保護区のおよそ六分の1は特にアダックス（またの名をスクリューホーンアンテロープ）の保護区域に指定されており、分断されて生息する個体群が、彼らの最後の砦であるアイル山地周辺で時折目撃される。

アイル・テネレ自然保護区は、ユネスコ世界遺産の登録基準で「地質学的プロセ

上:孤独な「テネレの木」は何百年もの間、砂漠のランドマークだった。倒されてしまった木を悼み、その場所に簡素な金属製の彫刻が建てられた。

ス、生物進化、および人間と自然環境との相互作用において、ひときわ優れた例」として1991年に登録されていた。これは、巨大な恐竜の"墓場"や有史以前の岩壁画など、極めて意義深い発見によるものだ。壁画にはキリンやサイ、アンテロープが生き生きと描かれ、3万年以上も前に遊牧民トゥアレグ族の暮らしの有様を伝えている。ところが、そのわずか1年後、「政情不安および内戦」を理由に"危機遺産"へと変更されてしまう。1990年代の初め、独立自治の実現を望むトゥアレグの分離主義者が、数年に及ぶ社会暴動を引き起こしたのだ。暴動はアイル山地へと波及し、辺境の地域は極めて危険で不安定な場所となってしまった。1995年4月、ついに和平協定が実現したが、トゥアレグの人々の間に不満がくすぶっているのは明らかだった。それ以降も、地域の未来を予測できないことに加え、ニジェールや隣国マリではこの20年間、暴動が再燃を繰り返してきた。

かつてはキャラバン隊が何十頭ものラクダを連れてテネレの木の下を通り、砂漠地帯を行き交っていた。近年はラクダがトラックに置き換わり、この隔絶された地域にも近代化の波が迫っている。残念なことに1973年、トラックが衝突してテネラの木は倒されてしまった。ほろ酔い気分の運転手が、よりにもよって周囲数キロ圏内にたった一つの障害物に突っ込んでしまったのだという。トラックのその後の消息は誰も知らないが、倒されて折れた木は丁寧に回収され、ニジェールの首都ニアメにある国立博物館に展示された。数百年もの間、木が立っていたその場所には、宇宙人を思わせる奇妙な金属製の彫刻が建てられて、人々が愛した「テネレの木」を偲んでいる。

隔絶された場所

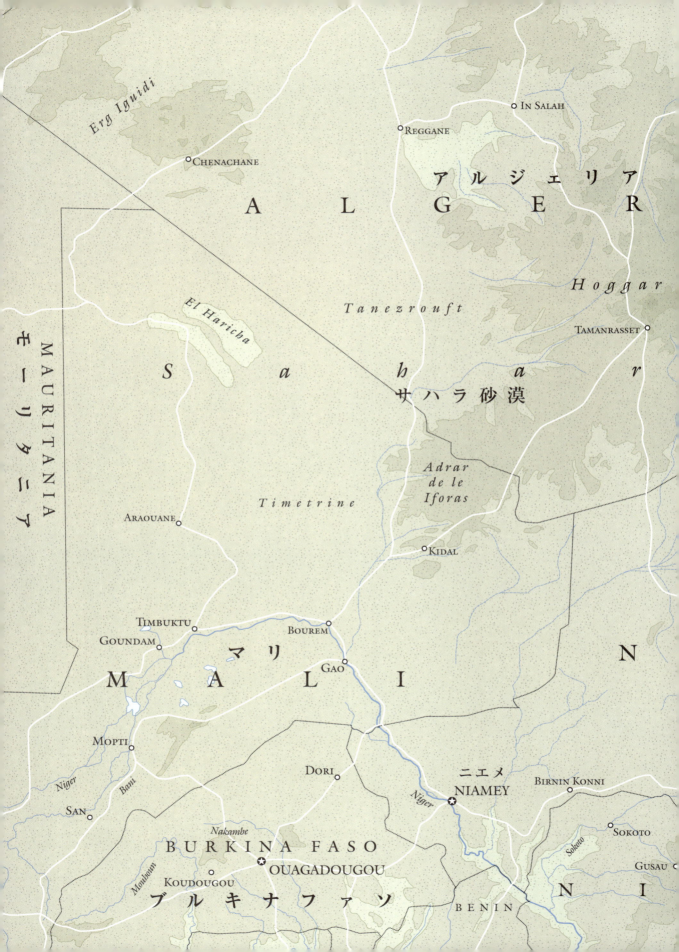

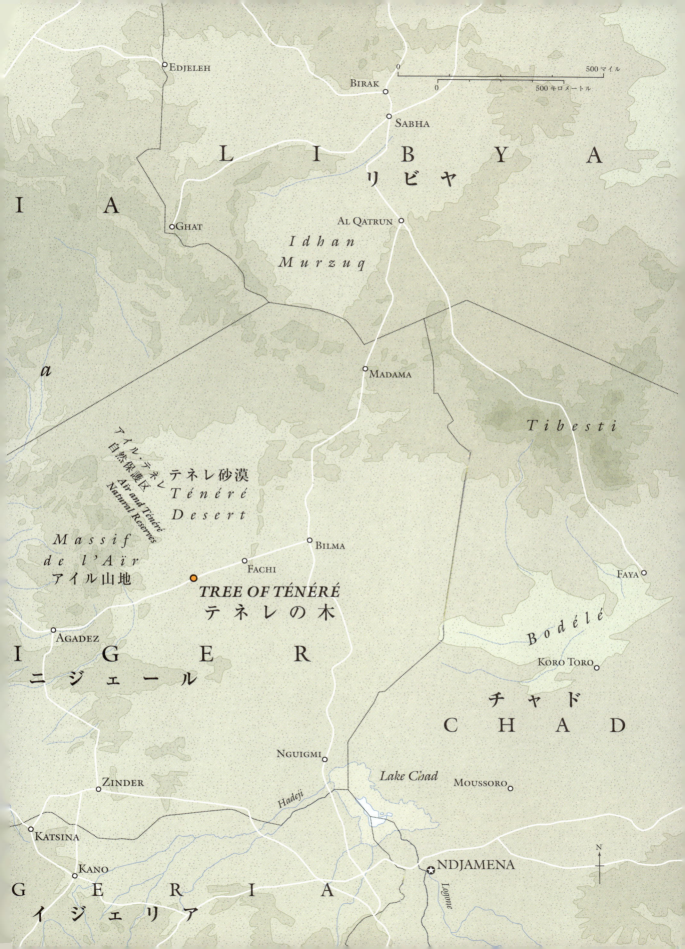

北緯4度15分24秒
西経52度58分54秒

イニニ

仏領ギアナ
サンテリー

"イニニ地域のほとんどは今も人を寄せ付けない。"

　フランスにも、壮麗なエッフェル塔やシャンゼリゼとはかけ離れた場所がある。人々は今も原始的な生活を送り、社会規範もほとんど存在しない。大西洋の反対側、仏領ギアナの奥地に広がるアマゾンの熱帯雨林、この未開の領域をイニニと呼ぶ。フランス共和国が持つ五つの海外県の一つで、近代国家フランスの一部でありながら、ほとんど未踏の辺境の地だ。金が発見されたことから、20世紀初頭のあるフランス人調査報道ジャーナリストが、この地を神秘の"エルドラド"に例えた。17世紀、南米大陸にやって来た最初のフランス人は、1643年にカイエンヌ（ラ・ラヴァルディエール）を首都に定めた。ここには流刑植民地として19世紀中頃から100年ほどの間に7万人以上の囚人が送り込まれた。特に16キロメートル沖合にある岩だらけのディアブル島は「悪魔の島」として悪名高い。

　しかし、沿岸部にある首都カイエンヌや世界に開かれた近代的な港町など、主にクレオールの人々からなる25万7000人のほとんどが住む地域と、南部奥地に広がる熱帯のジャングルとの間には天と地ほどの違いがある。この領域の90％に当たる8万2880平方キロメートルはジャングルに覆われている。イニニ地域のほとんどは今も人を寄せ付けない。うっそうとしたジャングルがこの地域を外界から遮断しているのだ。1930年にギニアの他の地域とは分離独立して管理されることになったが、そのわずか16年後に仏領ギアナ全体がグアドループ、マルティニーク、レユニオンと並んでフランスの海外県となった。それに伴い、辺境の先住民と仏領ギアナの他の地域、さらにはフランス社会全体との統合を図るため、イニニ領域は1969年に正式に廃止された。

　かつて、この地の一大産業は金の採掘だった。イニニの首都だったサンテリーは金鉱を探す人々によって19世紀に建設された町だ。だが、1920年代から1930年代の初めにかけて世界が大恐慌の渦に巻き込まれる中、金の産出量は減少していった。特にイニニは惨憺（さんたん）たる有様だった。元々は金以

右：イニニに広がる広大な熱帯雨林には、ヘリコプターでしか行けない地域がある。

外には何もない、かつてゴールドラッシュに沸いたサンテリーなど奥地の町は荒廃し、ほんの一握りの住人が残るだけとなった。現在、打ち捨てられたサンテリーの町に出かけるのは容易なことではない。ヘリコプターか、さもなければジャングルの中の狭くてぬかるんだ道を延々とたどり、ボートに乗り換え、最後はジープか四輪バイクで起伏の多い荒涼とした地形を走破しなければならない。たどり着くまでに丸2日はかかるだろう。2000年代の初めに、サンテリーは金の盗掘騒ぎに揺れた。手に負えない状況になるのを避けるため、フランスは積極的な軍事介入を行った。

イニニ地域には1600人を超える先住民が住んでいる。主に、アメリカ先住民やマルーンの人々だ。彼らもまたEUの一員であることに変わりはないが、公式には把握されていない場合が多い。2015年1月の人口調査でも、どういうわけか政府の管理下

からこぼれ落ちてしまい、すべての登録から漏れていた25歳の男性が見つかった。過去世代の自給自足型の暮らしと、金産業の繁栄がもたらした法と秩序とが共に崩壊し、先住民はフランス本土の発展から取り残され、無法地帯と化したジャングルの奥に置き去りにされてしまった。

　2015年、フランス人写真家クリストフ・ジンは数カ月にわたって仏領ギアナじゅうを歩き回り、そこで出会った人々の珍しい暮らしぶりを捉えた。この旅の資金は、カルミニャック財団によるフォトジャーナリズムの国際コンクールで得た賞金だった。ジンはイニニについて、こう語っている。「無法地帯とは思いません。それぞれに個性豊かな複数の地域が構成する、フランス共和国の一部なのです。この領域は最後の自由の地であり、すでにフランス政府の法は及ばない、独自の法で機能する小さな地域の集合体となっているのです」。

隔絶された場所　151

北緯83度38分30秒
西経31度28分28秒

カフェクルッベン島

グリーンランド
ピアリーランド

「これらの島々は、雪と氷が一番溶ける8月の終わりにしか現れない。
ちょっと吹雪くだけでも見えなくなってしまうのだ。」

世界の陸地の最南端は比較的簡単に特定できる。南極点は南極大陸にあって、動かないからだ。だが、最北端はどうだろう。広大な北極海上でその場所を正確に特定することは難しい。既知の世界では最北の地、"ウルティマ・トゥーレ"。人々は古くからそう呼んだ。その名が初めて知られるようになったのは今から2300年ほど前、マッサリア（現在のマルセイユ）出身のギリシャ人探検家ピュテアスの手記に登場してからだ。彼の最も有名な著作『大洋（On the Ocean）』はその後失われてしまったが、その探検物語は何世紀にもわたって人から人へと語り継がれてきた。ピュテアスは地中海地方やブリテン、スカンディナビアなど西ヨーロッパじゅうを旅行して、ついにはウルティマ・トゥーレに到達したのだという。彼はノルウェーか、せいぜいアイスランドまでしか行っていないと思われることから、ピュテアスが最北端に到達していたとは考えにくい。だが、世界の地理について当時の知識は限られていたことを思えば、彼の誤りは許されるだろう。

1900年、米国の探検家ロバート・エドウィン・ピアリーは、事の真偽に今度こそ決着を付けようと思い立つ。グリーンランドを徒歩で北上した彼は、まずは巨大なこの島が北極にはつながっていないことを確認。さらに、北に向かって続く広大なエリアを発見した。凍り付いた山々が連なる海岸線が322キロメートルにわたって延び、その所々をフィヨルドが深く切り裂いている。北極点から708キロメートル、現在はモリスエサップ岬として知られている場所を、彼は世界最北端の陸地だと考えた。ピアリーの探検報告には「我々が陸地の最北端からごく近い場所にいることは明らかだった。前方に次の地点が見えた時、私の目はついに北極のウルティマ・トゥーレを捉えたと思った」と書かれている。

ピアリーは、とにかく北極点に到達することに執着し、1909年、3度目の挑戦でそれを成し遂げたと考えられている。その後、ピアリーが書いた日記と地図を見直し

上：最果ての地ピアリーランドは陸地の突端だ。この先には、世界最北端の島があるだけだ。

た研究者たちの間で論争が巻き起こり、彼は世界の最北点に到達したのか、それとも48〜96キロメートルの地点までしか行けなかったのかについて議論の的となった。しかし、ピアリーによるモリスエサップ岬（さらにはグリーンランド北部に広がる広大な氷に覆われた広大な地域。彼の名にちなんでピアリーランドと呼ばれている）の発見が、北極探検の歴史に残る大きな功績であることに変わりはない。

その20年後の1921年、北極圏内のグリーンランド北岸に沿って船を進めていたデンマークの探検家ラウゲ・コッホの隊は、モリスエサップ岬の東37キロメートルの地点に来た時、1.6キロメートルほど沖合に一つの島影を発見した。この最北の地に、陸地があることは知られておらず、モリスエサップ岬と北極点の間にあるのは凍り付いた北極海だけだと考えられていた。コッホはこの新たに発見した小島をカフェクルッベン島と名付けた。デンマーク語で"コーヒークラブ"の島という意味で、コペンハーゲンにある地理学者たちの溜まり場にちなんだものだ。1969年に行われた調査で、カフェクルッペン島はモリスエサップ岬よりもほんの半マイルほど北に位置すると分かり、この殺風景な島があのウルティマ・トゥーレであることが確証された。
　極地研究者のピーター・スカフテは、アメリカ極地協会の機関誌「ポーラータイムス（The Polar Times）」で、1996年に行った調査について振り返り、カフェクルッベン島は"体長3分の1キロメートルほどもある巨大なクジラが打ち上げられている"ように見えたと、と書いている。「このむき出しで吹きさらしの斜面にさえ、小石にしがみついて咲く花がある。私はふと好奇心から、世界の一番北の果てに咲いている花を見てやろうと、島の北端まで歩いて行った。それはムラサキユキノシタで、ほんの2センチほどの背丈しかなかったが、それが世界最果ての地の征服者だった」。
　では、ここは世界最北の陸地なのだろうか。1978年、新たに島が発見された。オダーク（またはオーダーク）と名付けられたその島は、カフェクルッベン島よりもさらに北にあるという話だった。ところが、その場所を確かめてウルティマ・トゥーレだと証明しようと幾度か試みられたものの、その時によって結果はまちまちで、たいていの場合、島はどこにも見当たらなかった。現在、オダークは姿を現さないことも多いとはいえ、スカフテがこの領域で発見した"ゴーストアイランド"の中では恒久的な陸地だとみられている。
　「オダーク島や、同じエリア内にある数多くの島々は、そもそも海抜が低く、わずかな岩場が海面から1メートルほど突き出ているだけの砂州だ」とスカフテは説明する。トップオブザワールド島、タートル島、それになかなかに独創的なネーミングの83-42島（その緯度に由来）といった島々だ。「これらの島々は、雪と氷が一番溶ける8月の終わりにしか現れない。ちょっとふぶくだけでも見えなくなってしまうのだ」と付け加える。
　いずれにせよ、北極では、南シナ海やそのほかの大洋と同じく、地政学的な激しい勢力争いの時代に入っている。世界最北端の陸地とは何かということについて、ウルティマ・トゥーレなどという甘いイメージは、もっと現実的で実際的な捉え方に取って代わられるだろう。荒涼たる北極圏の片隅に浮かぶ、取るに足りないちっぽけな島、カフェクルベン島は少なくとも、この先何が起ころうとも、自然界の最北端を意味する真に"世界の果て"であることには変わりないのだ。

南緯37度18分1秒
西経12度40分24秒

イナクセシブル島

南大西洋
トリスタン・ダ・クーニャ

"激しく変わりやすい天候の中で上陸するためには、
人を拒むようにそびえ立つ急峻な崖を克服しなければならなかった。"

トリスタン・ダ・クーニャは世界で最も隔絶された群島だ。南大西洋にある英国の海外領土、セントヘレナ、アセンションおよびトリスタン・ダ・クーニャの一部である。定住者はわずか267人で、地元で捕れるトリスタンロックロブスターを輸出するなど、主に漁業で生計を立てている。一番近い空港は、南大西洋のはるか2816キロメートル先にある南アフリカのケープタウンだ。つまり、トリスタン・ダ・クーニャの島々へは、わずかに運航されている調査船か漁船をつかまえて6日間かけて行くしかない。島で必要な燃料や食料、郵便もそうやって運ばれる。

名前はものの本質を表すことがある。無人島のイナクセシブル島（近寄りがたい島）はトリスタン・ダ・クーニャ群島を構成する島々の一つで（その他、トリスタン・ダ・クーニャ島、ゴフ島、ナイチンゲール島など）、600万年前の活火山の名残を留め、とりわけ孤立している。この島を発見したのは、1656年1月にトリスタン・ダ・クーニャを偵察中だったオランダ船ナチェットグラス号とされているが、命名したのはフランス艦船エトワール・ド・マタン号のデ・シェブリー船長だと考えられている。1778年にこの海域を通過した際、大海原に突き刺さるが如く、305メートルの高さにまでそそり立つ絶壁や、台地状の島の威容に恐れをなした彼が、こう名付けたという（島の最高峰ケーンピークの山頂には雪を頂く）。この垂直に切り立った断崖絶壁は、島を守る天然の防壁だ。幾筋もの流れを集めて壮大な滝を作り、水は一気に海へと注がれる。かつて、果敢にもはるばるトリスタン・ダ・クーニャを目指して大航海を敢行、さらにイナクセシブル島に向かった猛者がいた。激しく変わりやすい天候の中で上陸するためには、人を拒むようにそびえ立つ急峻な崖を克服しなければならなかった。

定住を試みて成功した例はほとんど無い。この目的を達成しかけたかに見えたのはドイツ人のストルテンホフ兄弟だった。1871年にこの島に入植しようとやって来た

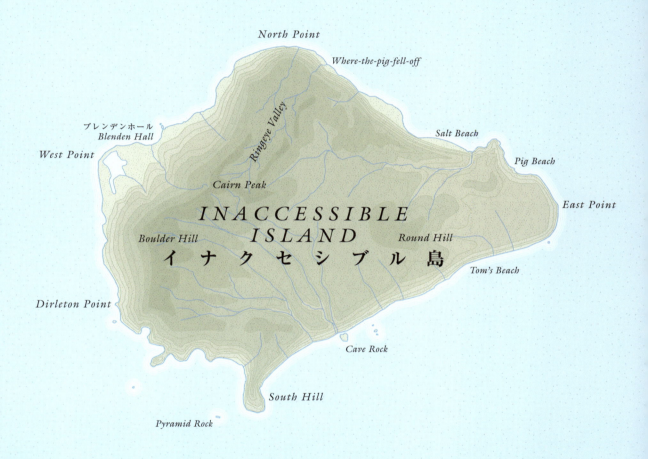

のだが、わずか2年後には食糧が底を突き、島を放棄せざるを得なかった。それより50年ほど前のこと、同様の憂き目に遭った大勢の船乗りたちがいた。彼らが乗った東インド会社のブレンデン・ホール号450トンはボンベイ（現在のインド、ムンバイ）へと向かっていた。しかし1821年7月、航路を外れ、イナクセシブル島の直ぐ沖で岩に衝突、座礁してしまう。島に生えていたセキショウモや、ペンギンの卵、アザラシやペンギンやウミツバメの肉などを食べて、命をつないだ。4カ月後、生存者たちはボートを作ってトリスタン・ダ・クーニャ島までたどり着き、助けを求めた。1822年1月、難破からちょうど6カ月目、彼らはついに救助されて英国本土へと帰された。彼らが上陸した地点はブレンデンホールと名付けられ、島で最も有名な難破を今に伝えている。

　イナクセシブル島の周辺の海は、1997年に自然保護区に指定され、2004年には近隣のゴフ島と共に「ゴフおよびイナクセシブル島」ユネスコ世界遺産として登録された。独自の進化過程が展開したことで、イナクセシブル島では2種以上の鳥類、8種の植物、10種の無脊椎動物など、世界のここでしか見つかっていない動植物が見られる。この海域には絶滅危惧IA類のゴウワ

タリアホウドリやゴーフフィンチ、ズキンミズナギドリ、マメクロクイナが生息し、そのほか多くの希少種が大西洋にそそり立つ険しい絶壁に営巣している。島は、灰色がかった黄色の飾り羽が印象的なキタイワトビペンギンの生息地でもある。またズグロミズナギドリの重要な繁殖地で、200万組余りのつがいがここで子育てする。

また、イナクセシブル島は天然の要塞のおかげで人が近づけず、世界のどこと比べても環境への人間の干渉は極めて小さかった。ごく最近になってイエネズミが島に入り込み、か弱いひな鳥を襲うなどの被害が見られるようになっている（すでにマウスやラットは世界中の同じような孤島で環境を荒らしている）。かつて島に連れてこられたブタが野生化し、多くの在来種を駆逐してしまったが、ブタ自身が環境に順応できず、大きな被害を及ぼすようになる前に絶滅してしまった。孤島の繊細な生態系にとっては朗報だ。

上：イナクセシブル島とは"近寄りがたい島"という意味だ。周囲に切り立つ険しい断崖絶壁がその名の由来となっている。

隔絶された場所　159

北緯65度46分56秒
西経168度58分34秒

ダイオミード諸島

米国／ロシア
ダイオミード

「これほどもの悲しい町を今まで目にしたことはない」

太平洋のはるか北、北極圏の縁に位置するベーリング海峡は、二つの巨大な大陸が遭遇する場所だ。冷戦時代、世界の両超大国が対峙する最前線として、手を伸ばせば届く距離にありながら、互いに触れ合うことはなかった（二つの大陸間で最も狭い地点はわずか85キロメートル）。

この重要な場所の中央にダイオミード諸島は横たわり、荒涼とした花こう岩の岩肌を霧の中に浮かび上がらせている。諸島を構成しているのは、ロシア側のビッグダイオミード島（ロシア語名はラトマノフ島）と米国側のリトルダイオミード島の二つの島だ。2島間の距離はわずか4キロメートル。海峡が最も狭まる場所だ。その中間点を国際日付変更線が通っているため、両島の間は丸々24時間の時差で隔てられている。このことから、二つの島はそれぞれ「明日の島」と「昨日の島」と呼ばれることもある。なかなかに言い得て妙だ。冬の気温は−18℃を下回ることもあり、島の間が凍結して海峡を歩いて渡ることができる。そのおかげで、数千年前に野生動物や人間が南北アメリカに移動し定着することになったのだ。ここは文化がぶつかり合う場所だ。ここはまた、文化が引き裂かれる場所でもある。「これほどもの悲しい町を今まで目にしたことはない」。褒め言葉とは言いがたい感想を漏らしたのは、スコットランド出身のアメリカ人、ナチュラリストにして"国立公園の父"と呼ばれるジョン・ミューアだ。1881年、リトルダイオミード島を訪れた彼は、その著書『アラスカの旅（Travels in Alaska）』の中で次のように回想している。「島のてっぺんに垂れ込める陰鬱な黒雲、波打ち際まで降り積もる雪、海辺を縁取るゴツゴツとした氷の塊。そこに激しく打ち寄せる暗い水、みぞれ模様の灰色の空、耳をつんざく海鳥の鳴き声、唸りを上げる風、青く透き通る海氷」。ダイオミード諸島には先住民ユピクが数千年にわたって住みついていた。昔、ユピクの人々は自由に二つの島の間を行き来し、狩りをしていた。20世紀になると、地政学的に過酷な現

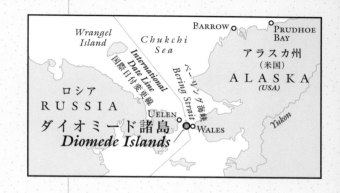

ダイオミード諸島
DIOMEDE
ISLANDS

INALIK
(Research Station)

ビッグダイオミード島
（ロシア領）
Big Diomede
Island
(Russia)

リトルダイオミード島
（アメリカ領）
Little Diomede
Island
(USA)

ベーリング海峡
BERING STRAIT

国際日付変更線
International Date Line

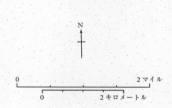

実がもたらされる。第2次世界大戦中、ビッグダイオミード島の住民はソ連によって本土へ強制移住させられ、島は軍と科学調査のための基地となってしまったのだ。冷戦によって両国間の外国関係が冷え込み、二つの島の間の往来も完全に途絶えた。かつては緊密だった人々の結びつきも断ち切られてしまった。ロシアに移住したユピクの人々はロシア文化に吸収され、2度と島に戻ることは許されなかった。アラスカ側に残った島の人々は、アメリカ合衆国の正式な市民となったことで米国のライフスタイルの影響をますます強く受けるようになった。こうして、ダイオミードの文化は廃れ、ほとんど消滅してしまった。

かつて二つの島で広く使われていた彼ら独自の言葉であるイガルク語も、永久に失われてしまった。"氷のカーテン"の時代はこれらのコミュニティーをさらに引き裂いただけだった。ビッグダイオミード島

左：二つの大陸がダイオミード諸島で遭遇し、地政学的な力関係は自然の力と衝突する。

は、荒々しく殺風景な、険しい断崖絶壁の島だ。リトルダイオミード島にとどまるわずかな住民は、酒をたしなむことすらなく、アメリカ風のぜいたくさとはかけ離れた簡素な暮らしぶりを続けている。そうして二つの島はますます打ち捨てられ、自然のままに荒れ果てている。

地理的に特異な位置関係にあることから、特に冷戦時代の終結時期、ダイオミード諸島はいくつかの歴史上の重要な瞬間の背景となった。1987年、アメリカ人スイマー、リン・コックスが水温3℃の凍てつく海をものともせず、二つの島の間を泳ぎ切った。このニュースは、米ソ両国間の旅行が一切禁止されていた時代が終わったばかりの世界の空気を象徴する出来事だった。米大統領ロナルド・レーガンとソ連最後の指導者ミハイル・ゴルバチョフは、コックスの快挙と、二つの大陸をほんの少しだけ近づけた挑戦に賛辞を贈った。

隔絶された場所

北緯69度34分46秒
西経139度4分34秒

ハーシェル島

カナダ
ユーコン

「全くの吹きさらしで、そこにはまさに何もなく、
もはやだだっ広い原野が広がっているだけだ」

カナダ北部のさらに北の果て、ユーコン地方の沿岸からおよそ1マイルほど沖合に、面積わずか116.5平方キロメートルの島が浮かんでいる。それがハーシェル島だ。「24キロメートルほど風下に位置するその島に、私はハーシェルという誉れ高い名を与えた」。ジョン・フランクリン卿はカナダ北極圏への2度目の探検の際、1826年7月15日付けの日記にこう記している。探検について書かれた彼の書著『北極海沿岸への第2回遠征の物語、1825〜27年 (Narrative of a Second Expedition to the Shores of the Polar Sea, in the Years 1825, 1826, and 1827)』では、「この季節は鹿も魚も大量に獲れたので、先住民と頻繁に出会った」という。この島はイヌイットのイヌヴィアルイト族の狩猟場で、キキクタルク（単なる"島"の意味）と呼ばれていた。

ハーシェル島の発見から20年後、フランクリンは再びこの地に向かう。イギリス艦船エレバス号とテラー号を率い、大西洋と太平洋を結ぶ、いわくの北西航路を発見しようというのだった。彼らは戻っては来なかった。2010年代になって、氷に押し潰され、水底へと消えた2隻の艦船がようやく発見された。1905年、この航路の横断に成功したのは、伝説的なノルウェー人探検家のロアール・アムンゼンだったが、それはハーシェル島あってこその快挙だった。

捕鯨を中心とする産業基地として、かつてのハーシェル島はにぎわいを見せていた。凍てついた荒野の中でぽつんと1カ所、辛うじて経済活動が見られる場所だった。ハーシェルの小さな町には船乗りや捕鯨員、イヌヴィアルイト族の人々が集り、富を求めて海へと乗り出してゆく。捕獲したシロイルカやホッキョククジラの脂肪や骨から大量の鯨油が採れるのだ（それより小規模ながら、町は毛皮商人や金鉱探しの面々にとっても金儲けの場所だった）。19世紀の終わりにはハーシェル島には1万2000人が住んでいたと推定されている。

北西航路横断を達成したアムンゼンは、その成功を支援者に報告しなければならな

かった。彼はほとんどの乗組員を捕鯨船員や毛皮商人たちの町に残して出発した。凍結した海を本土までソリで渡り、ファース川とポーキュパイン川に沿ってアラスカのフォートユーコンにたどり着いたのだが、あいにく、そこには電報の設備がなく、彼の成功を世界に知らせるには、さらに南にあるイーグルの町までユーコン地方を1100キロメートル以上も南下しなければならなかった。イーグルで無事、電報を打つと、なかなか来ない返信を2カ月待った後、長い道のりをまた引き返した。往路よりもさらに多くの危険が待ち受ける中、アムンゼンはさまざまな困難を切り抜けながら極寒の北極圏を北上し、ヨーア号へと戻って行った。無事に帰還したアムンゼンは、さらなる探検に出発、その6年後には初の南極点到達を果たすことになる。

2016年、探検家ティム・オークレーの探検隊が、111年前にアムンゼンが通ったのと同じ川、同じ渓谷を横断し、イーグル往復の旅を初めて再現した。オークレーは『ジオグラフィカルマガジン』誌に「全くの吹きさらしで、そこにはまさに何もなく、もはやだだっ広い原野が広がっているだけだ」と語った。「1本目の川には峡谷が多く、底にはクラス4の急流が流れている。そこを犬ぞりで遡ろうというのだから、流れに落ちようものならのみ込まれてしまう」。オークレーたちは1日に24キロメート

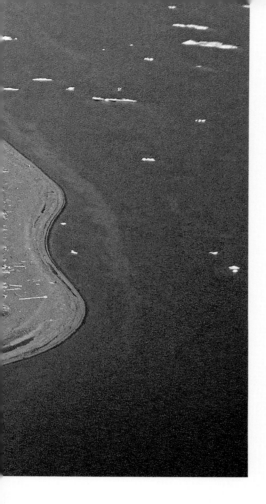

左：捕鯨産業が崩壊し、放棄される以前のハーシェルは、活気あふれる鯨の町だった。

ルほどのゆっくりとしたペースで6日間かけて川に沿って進んだ。時折、氷が割れて激流があらわになっている場所に遭遇すると、一行はツルツルに凍った急斜面にソリを引っ張り上げなければならなかった。気温−50℃にまで下がる中、体が冷えないようにすることに全力を傾けた。100年以上も前にアムンゼンが体験したであろう過酷な現実をまさに追体験したわけだ。「当たり前だが、そんな気温の中で長靴を履いたまま水から上がれば、あっという間に凍り付いてしまう。斧でも使って脱ぐ羽目になるし、1時間半はかかるだろうね。なかなか大変だったよ」。

1907年、世界の鯨油市場が暴落し、この地方の捕鯨産業も衰退した。その後1980年代までにハーシェル島は完全に無人となった。現在、北極圏の数マイル内側に位置する辺境の町ハーシェルに人影はなく、がらんどうになった一艘の船が、かつての繁栄を伝えているだけだ。小屋には板が打ち付けられ、産物を南へと運んだ交易路は今は静まりかえり、たいていは荒れ果てて原野と化している。この極北の地は、まさに気候変動の最前線にある。イヌヴィアルイトの人々も近寄らず、生活のための伝統的な狩猟も、氷が溶け、深刻化する海岸浸食に脅かされている。200年も昔にフランクリンが発見した豊かな"ホットスポット"からはほど遠い現実がそこにある。

隔絶された場所

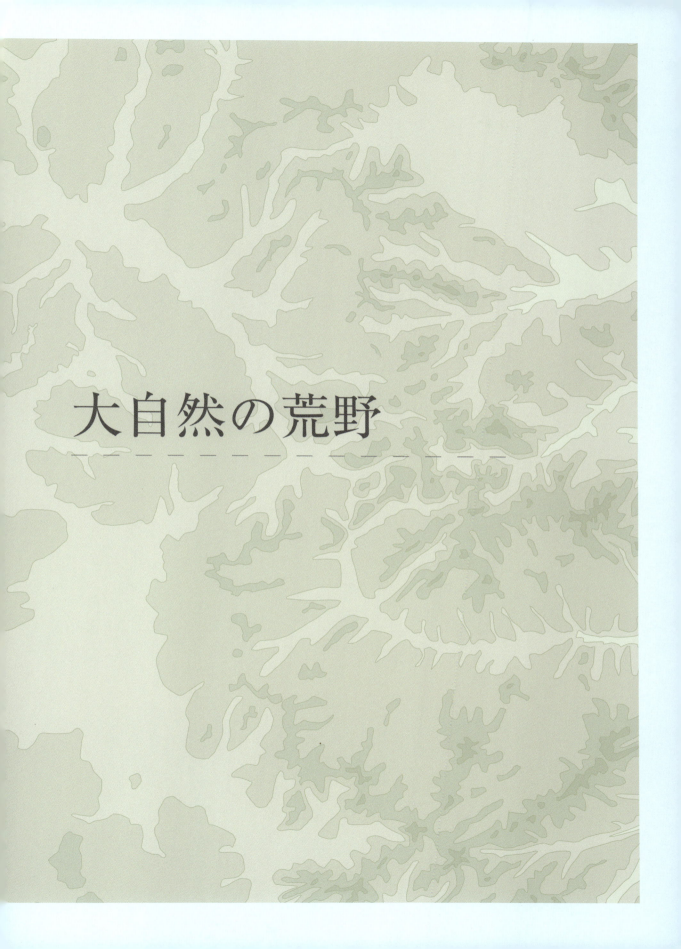

大自然の荒野

北緯12度27分48秒
東経53度49分25秒

ソコトラ

イエメン
アデン湾

"竜の血。まるで中世の妙薬のようにも聞こえるその正体は、
実は真っ赤な色をした樹脂だ。"

大昔からさまざまな地域で、ありとあらゆる医療や美容上のトラブルに治療薬として重宝されてきた竜の血。皮膚病？ならば竜の血を。眼病？だったら竜の血だ。胸焼け？竜の血を飲みなさい、といった具合だ。古来より、深紅の樹脂は染色や木材塗装、伝統陶芸にと、さまざまな用途に利用されてきた。

歴史の世界では、聖書に登場する兄弟「カインとアベル」（アダムとイブの息子たち）にまつわる血だとも伝えられている。そのため、アラブ世界では今も、"二人の兄弟の血"を意味するダム・アル・アハワイン（dam al akhawayn）という名で呼ばれている。

独特の風貌をもつ低木、ドラセナの仲間から採取される樹脂をひとくくりにして竜血と呼ぶことが多いが、本来はドラセナ・シナバリ、つまり"リュウケツジュ"の樹皮から分泌される濃厚な樹脂を指す。この奇妙な姿をした植物が見られるのは世界でただ1カ所、異世界の広がるソトコラ島だ。

イエメン本土の沖合322キロメートル、紛争の絶えない"アフリカの角"の先端に小鳥が羽を休めるが如く浮かぶ島、ソコトラ。幅132キロメートルほどの本島と、5つの小さな島々からなる熱く乾燥した群島だ。太古の昔に大陸から孤立したことで生まれた奇観で知られる。地理的には、とりわけ絶海の孤島というほどではない。だが、大陸と同じ岩盤（火山性ではない）を持っていることを見れば、外界と切り離されてから長い年月が経っていると分かる。リュウケツジュをはじめとして、背が高くて枝葉の少ない珍妙なキュウリノキ（デンドロシキオス・ソコトラーナ）や、鮮やかなピンクの花を咲かせるデザートローズ（アデニウム・ソコトラナム、通称「ボトルツリー」）など、この島にしか見られない固有の植物が307種以上（全825種の37％）も自生している。

ソコトラの動物相も植物同様に多種多様で個性的だ。島に生息するは虫類34種のうち90％、陸生巻き貝96種のうち95％が、世

大自然の荒野　**171**

界でソコトラでしか見られない。動物たちにとって、この島の立地も好都合だ。留鳥と渡り鳥を含む数百種類の鳥たちは、ここで羽を休め、繁殖する。周囲に広がるターコイズブルーの海は魚類730種、カニやロブスター、エビなどの甲殻類300種、さらには何百種という造礁サンゴの生息地となっている。ソコトラがまるでよその惑星のようだ、などと言われるのも、もっともだ。

だが、この繊細な生物多様性の楽園は危機に瀕している。リュウケツジュは島中に分布してはいるものの、自生地が細切れに分断され、国際自然保護連合のリストで"危急種（絶滅の危機が増大している種）"（絶滅危惧II類）のカテゴリーに登録されている。

原因は、島の外から持ち込まれたヤギによる食害や、深刻さを増す干ばつ、さらには島民が養蜂など新しい産業に手を付けることで引き起こされる森林破壊だ。竜血が珍重された華々しい歴史から見れば些細なことかもしれないが、需要が増加すればソコトラに辛うじて残るリュウケツジュに大きな負担を強いることになりかねない。竜血を世界中に輸出して一儲けを目論む人々が樹脂を大量に採取しているのだ。リュウケツジュの数は減り続けている。かつては島中に見られたのに、今ではところどころで見かけるだけだ。外の世界がやっとその戸口に立った今、ソコトラ特有の生態系はすでに衰退の時を迎えていたということなのかもしれない。

ソコトラはソマリア海賊の海上拠点としても絶好の立地だ。2011年、海賊が船の燃料補給や、貨物船を襲撃する際の前線基地として利用しているというニュースが広がった。凶悪犯罪やいかがわしい駆け引きの類いはさておいても、島の歴史を見れば、1000年以上前から海賊が好んで出没する場所だったことは否定できない。現実の「宝島」といったところだ。13世紀の有名な探検家マルコポーロの回想録にも「コルセア（海賊）の大群がたびたび島にやって来た」という記述がある。「彼らは島に上陸して野営を張り、略奪品を売りさばく。いい商売だった」。

何世紀もの間、ソコトラは海賊のアジトで悪の巣窟だという黒い噂は消えなかった。ここにいたって、現代の海賊たちはひとまず島から姿を消したかに見えるが、アデン湾の端という絶好の立地にあるソコトラ島は、人々を何千年もの間魅了し、引き付けて止まない独特の景観とあいまって、今も独自の世界を生きている。

右：ソコトラ島といえば"リュウケツジュ"だが、他にも多くの珍しい植物が自生している。

大自然の荒野

南緯33度41分49秒
東経20度40分39秒

ケープ植物区保護地域群

南アフリカ
ケープタウン

「今日の散策で目にした光景は、ケープの豊かな植物群について私が思い描いていた全てをはるかに凌駕_{りょうが}した」。

英国の探検家で博物学者ウィリアム・バーチェルは1822年に出版された『南アフリカ紀行（the Interior of Southern Africa）』の中で、さらにこう書いている。「一歩進むたびに、違う植物が現れる。そして決して大げさではなく、植物園などと比べたら、放ったらかしの伸び放題、自然の姿そのままだ」

何世紀もの間、植物学者たちは世界の植物を正しく分類することに情熱を傾けてきた。大勢の19世紀の植物学者たちが、植物の世界を地理的に体系化する論理的な方法を編み出そうと競った。しかし、それに終止符を打ち、飛躍的進歩をもたらしたのは、20世紀の英国の植物学者ロナルド・グッドだった。1947年初版の著書『顕花植物の地理学（The Geography of the Flowering Plants）』で発表した研究は画期的だった。グッドは、世界が6つの"植物区系界"に分けられることを理論的に示した。つまり、地上は大陸間にまたがる広大な6つの地域に区分され、それぞれ類似の環境条件のもとで類似の植物が生育しているのだという。そのうち5つが、北アメリカ大陸とユーラシア大陸の温帯地域にあたる「全北区」、アフリカ大陸のサハラ砂漠以南（サブサハラ）とインドを占める「旧熱帯区」（または「エチオピア区」）、中央および南アメリカ大陸の「新熱帯区」、「オーストラリア区」、そして「南極区」だ。

規模が比較的小さいことから、他とは一線を画すのが6つ目の「ケープ区」だ。ケープ植物区保護地域群は南アフリカの南西部に位置し、その範囲は9万650平方キロメートルで、ポルトガルよりわずかに小さい。この狭いエリアに極めて個性的で多様な自然があふれている。生育している植物種の数は一つの植物区系界全体に匹敵するほどだ。ケープ植物区保護地域群はアフリカ全土の0.5%に満たないが、大陸全体に存在する植物種のほぼ20%がここに自生し、その9000種の植物のうち69%がこの地域の固有種である（テーブルマウンテン国立公園だけでイギリス諸島全体よりも多くの植物

種が自生する)。ユネスコがケープ植物区保護地域群を「世界で"最もホットなホットスポット"」と呼ぶ由縁だ。

この地域の特徴はフィンボスと呼ばれる灌木地帯だ。ケープ特有の痩せた土壌環境に適応するよう進化した、硬くて極めて燃えやすい植物群が自生する植生をいう。フィンボスが見られるのは世界でもここだけだ。ケープには8500種もの多彩な植物から成るフィンボスが広がり、それがこの地区が多様性を誇る大きな要因だ。フィンボスは簡単に引火するので山火事が起こりやすい。この山火事が栄養の再循環のスピードを速め、種子を広範囲にまき散らすことで多彩な固有種が生まれたと考えられている。今では計画的に"山焼き"が行われ、燃え広がらないようコントロールしてフィンボスの再生をはかっている。

この地域は、いわゆる"市民科学者"が小規模な保全や調査に活躍している場所でもある。最も積極的なのはアウトランプスの活動だ。この頼もしい高齢者たちのグループは、専用の「ブークーバス」(ブークーとは、ミカン科の低木ブッコノキのこと)に乗ってケープ植物区保護地域群のあちらこちらを走り回り、危機に瀕している植物を監視すると共に、新種の発見にも貢献している。

上:南アフリカのケープ植物区保護地域群は、世界で最も希少種が密生する地域だ。

大自然の荒野

北緯52度42分58秒
東経23度50分42秒

ビャウォヴィエジャ原生林

ポーランド／ベラルーシ
ビャウォヴィエジャ

"衛星から眺める夜のヨーロッパ大陸には、
巨大な光のネットワークが浮かび上がる。"

点在する大都会の濃い光の塊、それを結んで延びる幾筋もの輝く帯。だが大昔、そこに広がっていたのは見事な原生林だった。深く生い茂る巨大な森の奥にはありとあらゆる種類の大型獣が暮らし、広大な草原ではイノシシや鹿やターパン（野生馬の一種）と一緒に、現在の畜牛の祖先、オーロックスの群れが草を食んでいたことだろう。残念ながら、ヨーロッパ大陸は何世紀にもわたる人間の飽くなき支配にじゅうりんされ、この豊かな原生林は切り刻まれて、アスファルトやコンクリートで幾重にも塗り固められた。もはや、その下にヨーロッパの自然の大地が広がっていたことすら、思い描くのは難しい。

この見事な森の面影を、21世紀の現在も辛うじて留めている場所がある。ポーランドとベラルーシの国境をまたいで広がる太古の森、ビャウォヴィエジャ原生林だ。立ち枯れた木や倒木、地面にはびこるキノコが織りなす神秘的な風景が、1500平方キロメートルにわたって続いている。現代世界の侵入を頑なに拒んできた、原始そのままの野生の楽園だ。カワウソやオオヤマネコが生息し、オオカミの群れも暮らすこの森は、近年、巨体のヨーロッパバイソン（ジュブル）が復活した舞台としても大きな役割を果たした。現在、90頭ほどの個体が森に生息していると考えられている。自然の牧草地や多彩な川、湿地、そして木々が影を落とす広大な森林など、森には活気に満ちた手つかずの温帯の風景が溢れている。樹齢300〜400年のオークや高さ40メートルにも達するトネリコの木、さらには50メートルに届こうかというモミの大樹まで、さまざまな種類の木が自生する。もう大陸のどこにも残されていない、とうの昔に忘れ去られてしまったヨーロッパの懐かしい風景の最後の片鱗を、ここでは見ることができる。

長い歴史が流れ、さまざまな出来事が起こるうちに、周辺の土地は農地へと姿を変えていったが、この類いまれな森だけは変化を拒んできた。ヨーロッパが大きく変貌

大自然の荒野　**179**

を遂げ、近代化の一途をたどった1385～1795年の400年間、ビャウォヴィエジャ原生林は王家の狩猟地として保護されていた。代々のポーランド王が連日側近たちを引き連れてバイソンやヒグマ、ヘラジカ狩りを楽しんだ。庶民が森に立ち入ることは許されなかったが、健全な自然の生態系を守るために村人が雇われて、定期的に森を開墾したり木を刈り取ったりする作業に従事した（木を切り戻すと再生が促され、寿命が大きく延びることが多い）。人々は王の許可を得て、森で干し草作りや養蜂をしたり、木材を切り出したりすることができた。森に住む動物たちは塩漬けの鹿肉などとして、ポーランド・リトアニア共和国軍の食糧として貢献したこともあった。

1795年、森の持ち主が変わり、その後120年にわたってロシアの支配下に置かれることになる。それは王家の保護を失うということでもあったが、新たに森の主人となったロシア人は、1802年、それまで同様に保全を続けるのが得策と判断、皇帝は皇族や貴賓たちには狩りの許可を与えた。ヨーロッパのこの地域で民族の分断をつなぎ止める強固な要として、ビャウォヴィエジャ原生林はロシアとの国境というだけに留まらず、遙かに重要な意味を帯びるようになった。1820年、ドイツの森林監督官だったユリウス・フォン・ブリンケンはこのウアバルト（ドイツ語で原始林の意味）を「輝かしくも恐ろしいもの」と称した。ドイツ人にとってビャウォヴィエジャといえば、懐かしいハイマート、つまり故郷への追慕の象徴であったから、1915年と1941年に森がドイツ人の手に"解放"されたことは軍事的にも文化的にも大きな意味のある出来事だった。この時期、占領下から逃れてきたユダヤ人家族が森に身を隠していたことを題材にして、ネハマ・テクが小説『デフィアンス ヒトラーと闘った3兄弟』（1993年）を発表、2008年にはダニエル・クレイグ主演で映画化されたことで、ビャウォヴィエジャの名は広く知られるようになった。第2次大戦後、森を分断した新たなポーランド―ソビエト国境は、その後のソ連崩壊に伴い1991年に独立したベラルーシとの国境となった。さらに1979年には正式にユネスコ世界遺産に登録された。

しかし、予想通り、このヨーロッパの自然をそのままに留める最後の聖域も今や危機に瀕している。2016年、ポーランド政府は自国側のビャウォヴィエジャの森林伐採を3倍に拡大すると決定した。そのうちの16％が国立公園として保護されているエリアだ。政府は、森でヤツバキクイムシがまん延し、手に終えない被害状況になっていることへの対応策だと主張した。しかし、政府の計画に対して批判の声が上がった。これは森林再生の自然なプロセスの一部であって、これまで何千年も続いてきた森の進化過程でも起こっていたことだという。数百頭のバイソンやその他の動物たちの運命は、この決定がもたらす結果にかかっているのかも知れない。

右：ポーランドとベラルーシの国境地帯に広がるヨーロッパ最後の自然林。

大自然の荒野

北緯0度5分17秒
東経38度11分24秒

メルー国立公園

ケニヤ
メルー

"やがてゾウは300頭を切るまでに減り、サイは全滅した。"

『野生のエルザ（Born Free）』の物語を知る人は多いだろう。ジョイ・アダムソンの小説だ。バージニア・マッケンナとビル・トラバースの主演で1966年に映画化され、ジョン・バリーによる美しいメロディーがオスカーを獲得した。若い雌ライオンのエルザを野生に返すという感動の物語。舞台となったのは、ケニヤの首都ナイロビの北322キロメートルに位置するメルー国立公園だ。近年、このケニヤ北部の地域で興味深い実験が行われた。紛争や内戦で放棄され、壊滅したアフリカ本来の自然環境を回復させようという、革命的な取り組みだ。そこで浮き彫りになったのは、自然の秘める計り知れない回復力だった。

『野生のエルザ』のおかげで、1970～80年代のメルーは観光ブームに沸くケニヤの人気スポットだった。だが、年が経つにつれて（また、ピーター・ジェンキンスやジョージ・アダムソンなど、公園の健全な生態系の維持に大きく貢献していた優秀な自然保護活動家の引退や死によって）荒廃が進み、多くのインフラはボロボロの有様だった。深刻な干ばつや地域紛争に苦しむ地元の農民たちは、隙あらば牛を飼おうと公園の土地を狙っていたし、密猟者や困窮した村人たちは、監視が比較的緩い公園内の動物たちがトロフィーハンティングの格好の戦利品となることに目を付けた。野生動物たちにとって切実に必要な保護を失い、メルーの在来動物の個体数は激減、1990年代には総数の90％にあたる動物が姿を消した。1970年代に約3000頭を数えたゾウは、1991年には300頭を切るまでに減り、サイは全滅した。ほとんど無法地帯と化した公園には武装した強盗団が出没、来園者数は激減した。

かつて輝かしかったメルー国立公園の惨状を目にして、国際動物福祉基金（IFAW）とケニヤ野生生物公社（KWS）、フランス開発庁（ADF）が主導する協力組織がケニヤ政府に働きかけた。もしもメルーの土地の管理を一任して貰えるならば、自然の

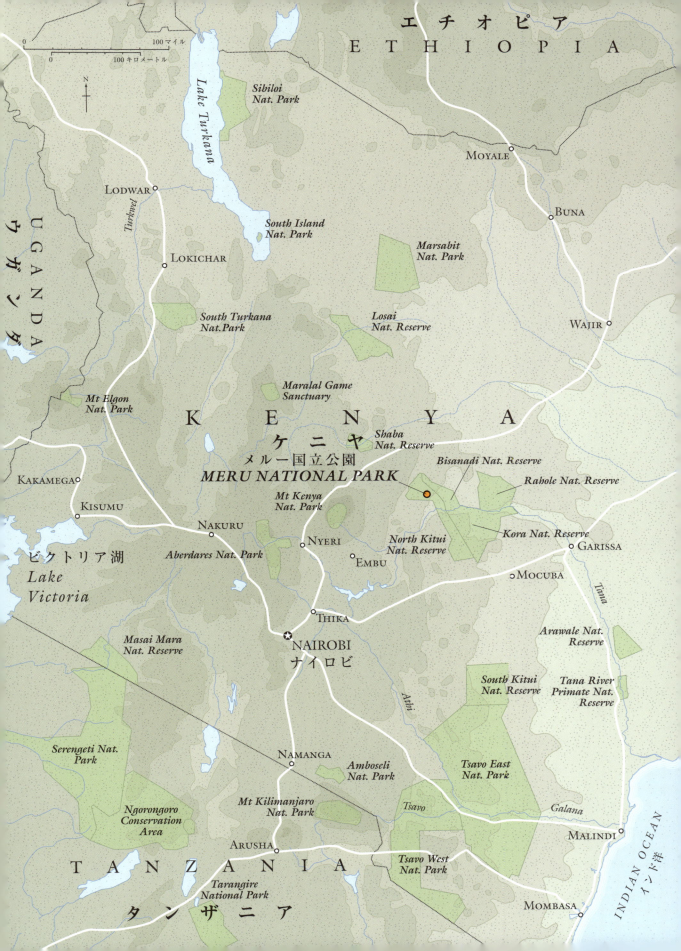

息吹を呼び戻し、瀕死の公園に再び命の火を灯すことができるのではないか、と。ケニヤ政府は了承し、プロジェクトがスタートした。公園の周囲に防御柵が建設され、警備員の新たなチームを編成しパトロールに当たらせた。あちこちに散らばっていた動物たちは、見つかり次第、経験豊かなKWSの熟練"捕獲部隊"の手によって公園に連れ戻された。1300種を超える野生動物が868平方キロメートルのメルーに集められていった。そして彼らは一旦手を引いて、成り行きを静観した。特定の種を特別のエリアに囲い込んだり、締め出したりはしなかった。この大自然の中で、ただ自然の秩序のなすがままに任せ、予測不能の結果、つまり"真の"アフリカの風景が再現されるのを待った。

それは驚くべき結果だった。在来の野生動物たちが家畜と同じ場所で暮らしているような、アフリカのあちこちで見られる人間が管理する動物保護区域とは全く違う。メルーは、自然の手に委ねるとどうなるかを実証し、自ら"再野生化"を果たした。上空から見ると、公園の境界線の外と内の

左：自然の手に委ねた結果、今やメルー国立公園は緑豊かなアフリカの野生動物のホットスポットとなった。

違いがくっきりと浮かび上がる。公園の周囲には半乾燥地域の赤茶けた大地が広がるが、公園内には青々とした豊かな緑が弾けんばかりにあふれかえる。その緑の中にキリン、インパラ、ゾウ、そして絶滅危惧IB類のグレビーシマウマが暮らしている。グレビーシマウマはミッキーマウスのような愛嬌のある耳をしているので、普通のシマウマとははっきりと区別できる。KWSとボーンフリー財団による徹底的な調査で、肉食動物は公園に確実に定着し、かなりの数のライオン、ブチハイエナ、ヒョウの個体群が生息していることが明らかになった。アフリカ全土では野生ライオンの数は激減している（1980年代には大陸全体で10万頭、1940年代では45万頭、1900年代にまで遡ると100万頭いたライオンが、今では2万頭にも満たない）。これは、被害に遭った農民が"報復の狩猟"と称してライオンを殺したり、"伝統的な"薬の原材料としてライオンの体や内臓を売買する事態が増えているからだ。そんな状況の中だからこそ、メルーでの実験の成功は一つの光明であり、未来への手がかりとなるだろう。

南緯15度27分24秒
東経145度14分37秒

エンデバー川

オーストラリア
クイーンズランド州クックタウン

"船長のジェームズ・クックは厄介な事態に陥っていた。"

英国を出帆し、南米大陸南端のホーン岬を周り、ニュージーランドを経てオーストラリアのボタニー湾に初上陸を果たしたクックは、オーストラリア史のトップページを飾り、不動の地位を築いた。ところが1770年の中頃、いざ帰国の大航海へと帆を上げ、北へ針路をとった矢先のこと。とんでもない困難に遭遇する。

彼らの船、エンデバー号は水中に潜む珊瑚礁をよけながら、恐ろしく狭い海峡を進んでいた。現在はグレートバリアリーフの名で世界的に知られる海域だ。「これが全てのトラブルの始まりだった」と、クックは日記に書き残している。隠れていた珊瑚礁にエンデバー号が衝突、船底にサンゴが突き刺さり、緊急修理が必要になったのだ。「緊急事態だった。船はすぐにも大破する恐れがあった」とさらにつづっている。

岸に向かった彼らはある川の河口にたどり着き、近くの狭い水域に停泊した。そこは魚やカメがたくさんいて、真水も手に入れられた。クックはその辺りをエンデバー川と名付けた。船の修理は難航し、7週間の足止めをくらった。最初の上陸地としてはボタニー湾が有名だが、この遅れのおかげで、クックは初めて船を離れ、まとまった時間を陸上で過ごす機会を得た。彼は乗組員たちと共に、陸上で眠り、周辺を探索し、珍しい動植物と遭遇した。

クックは、初めてカンガルーを見たときのことを「毛は明るいネズミ色で大きさはグレイハウンドの成犬ほど、尻尾が長く、姿形はどこから見てもグレイハウンドだ」と書いている。「野生の犬かと思ったが、歩いたり走ったりするかわりに跳ね回り、まるでウサギかシカのようだった」。彼はエンデバー川（土地の人々はWaalumbaal Birriと呼んでいた）に停泊している間に、オーストラリアの先住民であるアボリジニにも初めて出会い、その土地に暮らすグーグ・イミディル族の人々と友好的に接した。クックが書き残したノートによると、彼らの声は「優しくメロディーを奏でているよう」で、男女とも全裸で暮らしているが

大自然の荒野 **187**

(「衣服の類いは何一つ身につけていない」)、女性は貝殻の首飾りや腕輪でお洒落をし、男たちの多くは「長さ7〜10センチ、指の太さほど」の骨を鼻に突き通していた。

21世紀の現在、エンデバーの名を留める川は、クックタウンの町を流れ下り、サンゴ海へと注ぎ込んでいる。この町は世界的に有名なクイーンズランド湿潤熱帯地域の北端に位置する。ユネスコの世界遺産に登録された広さ9000平方キロメートルのこの地域は、クイーンズランド州北部沿岸に南北450キロメートルにわたって広がり、南はタウンズヒルまで続いている。ユネスコが「目の覚めるような美しい地域だ」というこの地域は、おそらく地球上で最古の熱帯雨林で構成され、「5000万〜1億年まえに現在のオーストラリアと南極大陸とを結合していた巨大なゴンドワナ大陸の森林の遺存種を含む、オーストラリアの動植物相を形作った他に類を見ない生態学的、進化的プロセスを示している」。

ハイイロリングテイルやキノボリカンガ

左：オーストラリアに生息する多様な生物のほとんどが、エンデバー川周辺などクイーンズランドの湿潤熱帯地域で見られる。

ルー、オオフクロネコ（オーストラリア最大の肉食有袋類）など、オーストラリアの哺乳類の35％の種を、国土のわずか0.2％ほどの地域が育んでいる。世界で最も毒性の強い植物とされるギンピ・ギンピなど4000種を超える植物が自生。気性が荒いことで知られるヒクイドリなど、オーストラリアの鳥類の40％が生息し、チョウは同じく60％を占める。他は比較的乾燥した不毛な土地が多い大陸にあって、生物多様性のホットスポットであることは間違いない。

こうした多様な動物の中には札付きの危険動物も多い。レッドベリード・ブラックスネークやスモールアイド・スネーク、ツリークライミング・ラフスケールド・スネークといった猛毒のヘビや、恐ろしいイリエワニ（愛称"ソルティー"）まで多様だ。エンデバー川でもオーストラリア北部の熱帯地域と同様、ワニの関わる事故が多い。被害者の多くは無防備な観光客だが、人が川辺から姿を消したというニュースが2～3年に一度は世間を騒がせている。

大自然の荒野　**189**

南緯38度45分17秒
東経177度9分33秒

テ・ウレウェラ

ニュージーランド
ワイロア

"もしも自然の場所が、人間と同じように、
基本的権利というものを持っていたなら、どうだろう？"

　もしも自然景観が"法人"（合法的な組織）格を与えられたら、人間同様に憲法で保障された自由を留保できるのだろうか？そんなまさに非現実的なユートピアがあったなら、いったい何が変わるのだろう？断っておくが、これは決してフィクションなどではない。2014年、ニュージーランド政府は革命的なテ・ウレウェラ法を制定。この法律によって、北島に広がるテ・ウレウェラの森林に「法人としての全ての権利と力、義務、責任」が与えられた。

　テ・ウレウェラは広さ2100平方キロメートル、霞み漂う静かな森に覆われた地域だ。数百万年前に、泥とシルト、砂岩から成る岩盤が海の中で沈降と隆起を繰り返し、北へ流れ下るファカタネ川、ワイマナ川、タウランガ川によって数千年かけて浸食された。国立公園に制定されたのは1954年。見どころは面積52平方キロメートルのワイカレモアナ湖（"波立つ水の海"という意味）と、少し小さなワイカレイティ湖だ。公園の南部に位置するこの2つの湖は人気の観光地で、大自然の中でトレッキングやウォータースポーツを楽しもうという人々が大勢訪れる。

　だが公園内には、こうしたアクティブな人々でもあえて近づくことはない、人を寄せ付けないエリアもある。そのおかげで生態系が自然のままに守られ、国を代表する鳥で絶滅危惧IB類でもあるキーウィやコカコ（ハシブトホオダレムクドリ）など、地域固有の野生動物が数多く生息している。公園の見事な森林には650種を超える固有種の植物が自生し、苔むすブナの低木から、古代の固有種であるマキ科のリムやカヒカテア（ホワイトパイン）など50〜60メートルという目がくらむような高さにまで成長する巨木まで、あらゆる種類の樹木が見られる。

　テ・ウレウェラは、観光客にとっては自然を満喫するレクリエーションの場だが、この地域に住む先住民マオリのナーイ・トゥホエ族（"霧のこどもたち"の呼び名で知られる）にとっては重要な意味ある場

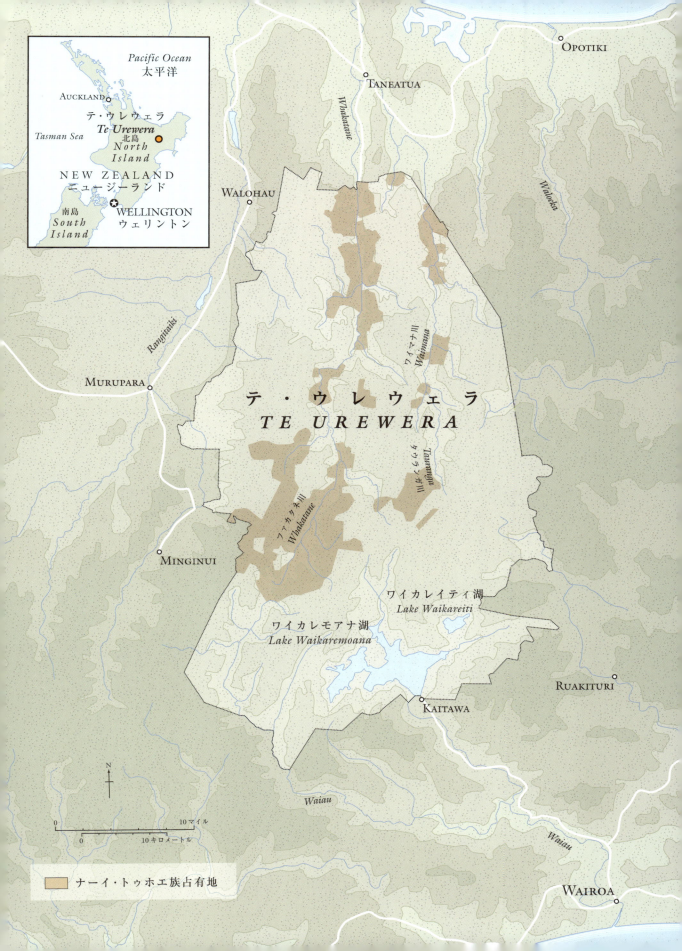

所だ。古くから伝わる伝説によれば、トゥホエはテ・マウンガ（山）とヒネ・ポコフ・ランギ（霧の乙女）との間に生まれた子孫で、この壮大で神秘的な景観はトゥホエの人々そのものでもある。

ニュージーランドの法務長官クリス・フィンレイソンは、テ・ウレウェラ法の成立を決めた裁判の終結にあたり、次のように説明した。「トゥホエの世界観は"私は川、川は私"という言葉に象徴されている。人々にとって地理上の地域は自身のありようと切り離すことのできない、彼らの人格の本質を成すものだ」。

19世紀中頃にヨーロッパ人が大挙してニュージーランドに押し寄せた時、トゥホエのカリスマ的指導者だったテ・クーティが人々を率いて激しく抵抗し、1860〜70年代にかけて、宗主国の英国政府を相手に戦いを繰り広げた。英国は力ずくでテ・ウレウェラからトゥホエの人々を完全に追放した。これが引き金となって深刻な飢餓を招き、トゥホエの大部分は餓死してしまった。テ・ウレウェラ法は、この事実に対する謝罪を含み、英国とトゥホエ間の和解を支援することを約束して次のように言及している。「テ・ウレウェラはトゥホエの…発祥の地であり戻るべき場所、彼らの故郷である。それは彼らの文化、言語、習慣、そしてアイデンティティーを表現し、意味を与える場所である」。

テ・ウレウェラ法において、政府は当地域内の土地について、国立公園としての指定（従来から居住していたトゥホエの許可は得ていなかった）も含め、いかなる公式な所有権も放棄するとした。現在、テ・ウレウェラの土地はトゥホエの人々によって新たに設立された委員会の下で管理されている。テ・ウレウェラ法は「テ・ウレウェラの法的人格および保護される立場を、その本質的な価値、その独自の自然的および文化的価値、それら価値の完全性、およびその国家的な重要性のために、定め、永久に保全する」ことを目的とする。

これは前例のない革命的な法律だと言えるだろう。北島南部を流れるニュージーランドで3番目に長い川、ウォンガヌイにも法的人格が与えられた（このような地位が川に与えられた世界初の事例）。この先鋭的かつ新しい自然界の捉え方は、世界中の神聖なる土地、あるいは環境的・文化的に重要な場所が一つの人格を持つ立場として法的手段に訴える機会を開く。テ・ウレウェラ法によって示された先例によって、依頼人である自然に代わって人間が法廷に立ち、こう主張する日がくるかも知れない。世界の自然はあまねく、私たち人間と全く同じ法律上の権利を持っていると。

右：先住民マオリのナーイ・トゥホエ族の人々にとって、テ・ウレウェラは奥深い神聖な意味を持つ大切な場所だ。

大自然の荒野

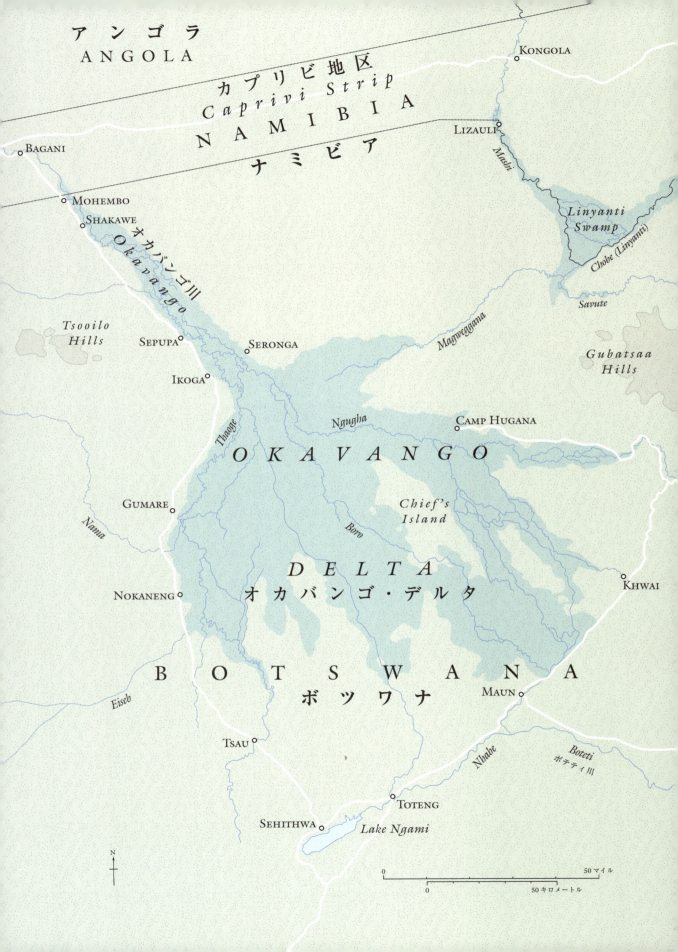

南緯19度13分44秒
東経23度2分56秒

オカバンゴ

ボツワナ／アンゴラ
オカバンゴ・デルタ

"アフリカ南部を流れる1本の大河。
激流が乾ききったサバンナを蕩々と潤してゆく。"

　そう聞いて思い浮かべるのは、流れ下るに従って勢いを増す川の姿だろう。か細い触手を拡げたような、たくさんの細い流れや小さな川が、周囲の谷をさらいながら水を集め、やがて合流して1本の堂々たる流れとなり、ついには大海へと注ぎ込む。ところが、アフリカのこの川はそんな期待を見事に裏切ってくれる。流れは乾燥したカラハリ砂漠の中を扇を開くように枝分かれしてゆき、緑生い茂る広大なオアシスを生んだ後、やがて跡形もなく大気の中へと消えてしまうのだ。川の名はオカバンゴ。そして、その川が作り出す希有な場所、それがオカバンゴ・デルタだ。"カラハリ砂漠の宝石"と人は呼ぶ。

　ボツワナ北部の地域では、ほとんどを水が覆って（あるいは枯れて）いる。カラハリ砂漠の不毛の大地の真ん中に扇を拡げたようなオカバンゴ・デルタは、その特徴的な地形で衛星からも一目でそれとわかる。オカバンゴ・デルタの全体像を捉えようと思ったら、その広大な集水地域（地面に降り注いだ雨水が1本の河川へと流入するまでの全地域）を1600キロメートルほど北まで遡る必要がある。アンゴラ南部の多雨地帯だ。毎年10月の雨季になると、アンゴラ中央高地に位置するビエ高原のビラ・ノバ辺りに降り注いだ雨が、それから6カ月をかけてゆっくりと幾筋もの小さな川に流れ込み、やがてグバンゴ川やクイト川となって、ついにはオカバンゴ川へと注ぎ込む。水はナミビアが細長く出っ張ったカプリビ地区を横断して運ばれ、さらに国境を越えてボツワナ北部へと流れ下る。

　この長い旅路の果てに大量の水がデルタに到着する頃には、すでに雨季の最盛期は6カ月も前に終わり、デルタは最も乾燥した時期を迎えている。2月から3月にかけて水のはるかなる旅が終着点にたどり着くと、オカバンゴ・デルタに生命の輝きがみなぎる。オカバンゴ川からあふれ出る水が土地を潤し、ゆっくりと湿原の隅々にまで行き渡り、その面積はまさに2倍にまで拡大する。水辺を好む動物には最適な野生の

大自然の荒野

楽園が生まれ、デルタに浮かぶ15万もの小島ではアンテロープの一種、レッドリーチュエの大群が草を食む。また、世界的に絶滅の恐れがある24種の鳥類や野生のゾウ、チータ、ライオン、バッファロー、サイなど、アフリカを代表するさまざまな種類の動物がデルタ全域に生息している。

アフリカ大陸の最も乾燥した場所の最も乾燥する時期、しかも真冬だというのに灼熱の太陽が照りつける中、こんなに豊かな環境が出現するのは驚異だ。デルタを満たしている水の98％は、結局は大気中に蒸発してしまうか、うっそうと生い茂る多種多様な植物に吸い上げられることになる。辛うじて残ったわずかな水がボテティ川となって南東へと流れ下る。

デルタを潤す水のうち、本流を通って運ばれるのは60％ほどに過ぎず、残り40％の水を運んでいる無数の小さな流れについては、ほとんど分かっていない。これは主にアンゴラが長い社会不安の中に置かれていたことによる。27年間続いた内戦で50万人の人々が殺され、広大な農村地域には立ち入ることはできなくなった。アンゴラ高地は長い間、反政府武装組織UNITA（アンゴラ全面独立民族同盟）の本拠地となっていて、立ち入るのは極めて危険な地域だったし、通じている道路も少なかった。つい

左：オカバンゴ・デルタを潤した膨大な水は、最後にはアフリカの灼熱の太陽に焼かれて蒸発する。

に2002年、休戦協定が結ばれたが、それから何年も経った今日でも数百万発の地雷が残されたままだ。その単位面積当たりの敷設数はアフリカ一という。それが人の出入りを妨げ、結果としてこの地域は、ほぼ完全に手つかずの原野のままで残されることになったのだ。

　ナショナル ジオグラフィック協会の支援による「オカバンゴ原生自然プロジェクト」は、アンゴラ南部に広がる未知の領域に奥深く分け入り、壮大なオカバンゴ・デルタを生んだ大地を理解するという使命を達成した。この活動では、探検家や科学者と共に、土地の暮らしをよく知るイエイ族の人々も加わって調査隊が結成された。彼らはモコロスと呼ばれる伝統的な丸木舟に乗って何百キロメートルも旅をした。未開拓の河川系を遡り、うっそうと茂る藪をくぐり抜け、巨大なヒルや気の荒いカバ、巨大なナイルワニの群れにおののきながら前進した（クイト川は世界で最もワニの生息密度が高いと言われている）。「それがこの土地の本当の姿です。何一つ、人間の思うようにはなりません」。ナショナル ジオグラフィックのイベントで、プロジェクトリーダーのスティーブ・ボイズはオカバンゴについてそう語った。「状況に身を委ね、自然に心を開くほかないのです」。

大自然の荒野　197

ヤスニ生物圏保護区

エクアドル
ユトゥリ

北緯1度6分2秒
西経75度48分25秒

"エクアドルでは貧困基準以下の生活を送っている人が
人口の4分の1を占める。"

だが、この国の原油生産量は数十億バレル、最大の輸出品であり、国を潤す大きな可能性を秘めている。イシュピンゴ、タンボコチャ、ティプティニの3つの油田から成るITT鉱区は、合わせて8億5000万バレル、国全体のほぼ20％にあたる原油を埋蔵している。これほどの宝の山なら売れば100億ドル以上にはなるだろう。それだけあれば、再生可能エネルギーや地域開発計画に投資し、国民を貧困から解放することができる。この油田開発を阻んでいるのは、気候変動の間接的な影響（8億5000万バレルは二酸化炭素の排出量4億トン以上に相当する）や、変動の大きい原油価格だ。だが、それ以上に大きな難題が立ち塞がる。ITTの油田が眠る場所は、9800平方キロメートルにわたって広がる世界有数の多様な生態系を誇るヤスニ熱帯雨林の真下なのだ。

首都キトの東250キロメートルに位置するヤスニは、自然保護活動家の間で高い評価を受けている場所だ。多くの両生類や鳥類、哺乳類、そして植物が見られ、アマゾン全域で最も豊かな生物の宝庫となっている。ジャングルに住む野生動物の象徴ジャガーや、バク、カピバラなどが生息する。ヤスミでは、わずか1ヘクタールの範囲に米国とカナダを合わせたよりも多くの樹木の在来種が自生する。その多くが高さ30メートル以上に達し、目もくらむような樹冠がそびえ立つ。

そんな森を石油探索によって破壊するとなれば、すでにあちこちで熱帯雨林が失われている世界に深刻な一撃を加えることになるだろう。豊かな熱帯雨林に依存して生きる先住民ワオラニの暮らしが破壊されるのは言うまでもないことだ。ラファエル・コレア前大統領にはそれが分かっていたし、エクアドルの鉱業が世界の目を配慮すべだということを理解していた。エクアドルはケチュア語の「スマク・カウセイ」、つまり「良い生活を送ること」という価値観を掲げる国だ。環境や文化に配慮し、持続可能な開発や暮らし方を強く求めてい

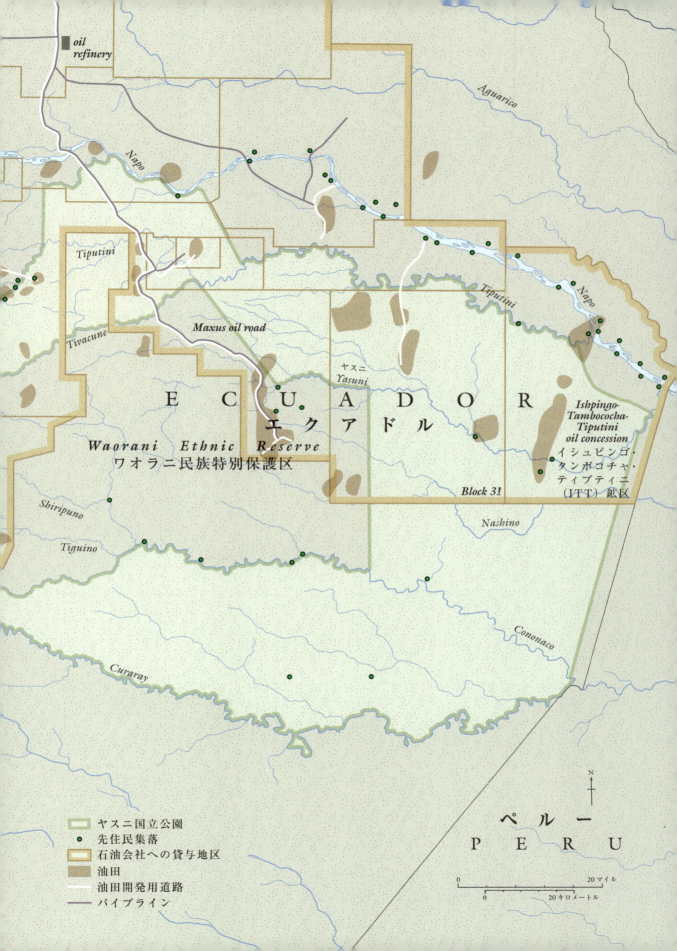

右：ヤスニITT信託基金の構想が失敗に終わった今、極めて貴重なヤスニ熱帯雨林の未来は五里霧中だ。

る。エクアドルの憲法に近年書き加えられた前文には次のように明記されている。「良き生き方、スマク・カウセイを実現するために、多様性と自然との調和に基づく市民の共存の新しい形を築き上げていく」。ヤスニを石油採掘で破壊することは、この信条と真っ向から対立することになる。

コレアが行き着いた結論は、石油を地下に眠らせたままにしておくという考えだった。「わが国はこの大いなる犠牲を払うかわりに、国際社会が共同責任を担うこと、および、わが国が生みだし地球全体が利益を得る環境財に対し、最小限の補償を求めるものです」と、2007年の国連総会で、彼は世界に向けて表明した。計画はシンプルだった。コレアは世界の豊かな国々に対してヤスニITT信託基金に36億ドルを出資するよう求めた。基金の一部は、エクアドルが石油採掘と販売によって得られるであろう利益の補償に回される。これによって、ヤスニの自然は、原生林のジャングルを切り裂いて突進する木材伐採用の重機やら材木を積んだトラックやらに邪魔されないですむ。コレアは「エクアドルは、より人間的かつ公正な文明社会の基盤を共に構築するために、その資源の3分の1を石油開

発に依存する石油産出国として初めて、この利益を全人類の幸福のために放棄し、公正な補償による取り組みへの参加を世界に呼びかけるものであります」と宣言し、会場の喝采を浴びた。ドイツの積極的な主導により、フランスをはじめとするヨーロッパ諸国から支援表明が相次いだ。

しかし、資金は期待したようには集まらず、予定の金額にも遠く及ばなかった。6年後、申し出があったのは2億ドルに過ぎず、実際に集まったのはわずか1300万ドルで、予定額のごく一部に留まった。2013年8月、ついにコレアは計画が失敗に終わったことを宣言、エクアドルはヤスニの石油採掘の開始に向けて動き出すことを確認した。「私はヤスニITT信託基金を清算する行政命令に署名した。これによって本イニシアチブは終了する」と、コレアはエクアドルのテレビ放送で宣言した。2016年末、政府は、ITT鉱区で油田掘削が公式に開始されたことを発表、それによって環境が大きく損なわれることはないと強調した。ヤスニ熱帯雨林の運命は誰にも分からない。だが、それがどんなものであろうと、コレアの革新的な構想のおかげで、世界の注目を集めることは確かだろう。

大自然の荒野

参考文献

本書の執筆は、書籍や学術誌、ニュース記事など、多くの貴重な参考文献無くしては為し得なかった。ここに深く心より感謝する。また、UNESCO, the CIA World Factbook, NASA, UNEP, UNDP, the NOAA, the IUCN, WWF, the Ramsar Sites Information Service, the Guinness World Records, Lonely Planet, Bradt, and the Encyclopædia Britannicaなど数多くの組織、さらにはthe BBC, Reuters, CNN, and the Guardianなどの報道機関は、常に計り知れない有用な助力を与えてくれた。ここに感謝の意を表すると共に、主な参考文献の一部を挙げておく。

- Aldersey-Williams, Hugh. Tide: The Science and Lore of the Greatest Force on Earth, Viking/Penguin Random House UK, London, 2016
- Berry, Steve. Straight Up: Himalayan Tales of the Unexpected, Vertebrate Graphics Limited, Gloucestershire, 2012
- Bramwell, David; Caujapé-Castells, Juli. The Biology of Island Floras, Cambridge University Press, Cambridge & New York, 2011
- Brown, Gary; Mies, Bruno. Vegetation Ecology of Socotra, Springer Science & Business Media, Dordrecht, Heidelberg, New York & London, 2012
- Bryan, T. Scott; Tucker-Bryan, Betty. The Explorer's Guide to Death Valley National Park, Third Edition, University Press of Colorado, Boulder, 2015
- Bryson, Bill. A Walk in the Woods, Random House, London, 1998
- Wharton, William James Lloyd. Captain Cook's Journal during his First Voyage round the World, made in H.M. Bark Endeavour, 1768–71, Elliot Stock, London, 1893
- Dekok, David. Fire Underground: The Ongoing Tragedy of the Centralia Mine Fire, Rowman & Littlefield, Guilford, 2009
- Dobraszczyk, Paul; López Galviz, Carlos; Garrett, Bradley L. Global Undergrounds: Exploring Cities Within, Reaktion Books, London, 2016
- Elenius, Lars; Allard, Christina; Sandström, Camilla. Indigenous Rights in Modern Landscapes: Nordic Conservation Regimes in Global Context, Routledge, London & New York, 2016
- Galla, Amareswar. World Heritage: Benefits Beyond Borders, Cambridge University Press, Paris & Cambridge, 2012
- Grundy-Warr, Carl. Eurasia: World Boundaries, Volume 3, Routledge, London & New York, 2002
- Howell, Paul; Lock, Michael; Cobb, Stephen. The Jonglei Canal: Impact and Opportunity, Cambridge University Press, Cambridge, New York & Melbourne, 1988
- Huggett, Richard J. Fundamentals of Biogeography, Psychology Press, London & New York, 2004
- Hund, Andrew Jon. Antarctica and the Arctic Circle: A Geographic Encyclopedia of the Earth's Polar Regions, ABC-CLIO, California, 2014

- Humboldt, Alexander von. Personal Narrative of Travels to the Equinoctial Regions of America, During the Year 1799-1804 — Volume 2, Bell & Daldy, London, 1871
- Jalais, Annu. Forest of Tigers: People, Politics and Environment in the Sundarbans, Routledge, Abingdon & New Delhi, 2010
- Kim, Kwi-Gon. The Demilitarized Zone (DMZ) of Korea: Protection, Conservation and Restoration of a Unique Ecosystem, Springer Science & Business Media, London, 2013
- Kronenberg, Jakub; Bergier, Tomasz. Challenges of Sustainable Development in Poland, Fundacja Sendzimira, Krakow, 2010
- Manning, John. Field Guide to Fynbos, Struik, Cape Town, 2007
- Martin, Pamela L. Oil in the Soil: The Politics of Paying to Preserve the Amazon, Rowman & Littlefield Publishers, Maryland & Plymouth, 2011
- Montgomery, Sy. The Man-Eating Tigers of Sundarbans, Houghton Mifflin Harcourt, New York, 2001
- Muñoz, Á. G.; Díaz L., J. E. The Catatumbo Lightnings: A Review, XIV International Conference on Atmospheric Electricity, Rio de Janeiro, August 2011
- Nuttall, Mark. Encyclopedia of the Arctic, Routledge, London & New York, 2005
- Oliver, James A. The Bering Strait Crossing: A 21st Century Frontier Between East and West, Information Architects, 2006
- Pelton, Robert Young. The Adventurist: My Life in Dangerous Places, Crown/Archetype, New York, 2001
- Polo, Marco. Edited by Wright, Thomas. The Travels of Marco Polo: The Venetian, Henry G. Bohn, London, 1854
- Quinn, Joyce A.; Woodward, Susan L. Earth's Landscape: An Encyclopedia of the World's Geographic Features, ABC-CLIO, California, 2015
- Rivera, Sheila. The California Gold Rush, ABDO, Minnesota, 2010
- Rogers, Stanley. Crusoes and Castaways: True Stories of Survival and Solitude, Dover Publications, New York, 2011
- Rudolph, Peter. Handbook of Crystal Growth: Bulk Crystal Growth, Second edition, Elsevier, Amsterdam, Oxford & Massachusetts, 2015
- Schmalz, Mathew N.; Gottschalk, Peter. Engaging South Asian Religions: Boundaries, Appropriations, and Resistances, SUNY Press, New York, 2011
- Smith, Jim; Beresford, Nicholas A. Chernobyl: Catastrophe and Consequences, Springer Science & Business Media, Berlin, Heidelberg & New York, 2006
- Smith, Robert B.; Siegel, Lee J. Windows into the Earth: The Geologic Story of Yellowstone and Grand Teton National Parks, Oxford University Press, New York, 2000
- Thesiger, Wilfred. Arabian Sands, Penguin UK, London, 2007
- West, Barbara A. Encyclopedia of the Peoples of Asia and Oceania, Infobase Publishing, New York, 2010

謝 辞

　まず、この企画の機会を与えてくれた Lucy Warburton と Aurum Press に深く感謝する。常に順調に作業を進めることができたのは、Lucy の忍耐強い励ましと的確なアドバイスのおかげだ。ここに最大の感謝を捧げる。また、大勢の優秀な人たちが重要な貢献をしてくれた。Ashley Western の素晴らしいデザインと Martin Brown の地図は本書をより魅惑的にし、その価値をさらに高めてくれた。Ru Merritt は見事な手際で写真をセレクトし、Ian Allen は洞察力に溢れる丹念なコピーライトの手腕を発揮してくれた。

　British Geological Survey の Paul Wilson、Dr Julian Bayliss、Wet Tropics Management Authority の Terry Carmichael、Arctic Thule Project の Dr Peter Skafte、Elsa's Kopj の Philip and Charlie Mason、そして Outward Bound Oman の Mark Evans には、深い知識を惜しみなく提供してくれたことを感謝する。取り上げるべき内容について誠意を持って提言してくれた全ての人々に感謝の意を伝えたい。特に、Royal Holloway, University of London の Dr Alasdair Pinkerton には心よりお礼を申し上げる。

　Geographical での意義ある活動の場と、さらには本書の執筆を認めてくれた Graeme Gourlay、並びに Syon Publishing のスタッフに感謝する。同じく、Royal Geographical Society（並びに Institute of British Geographers）には、執筆に必要なヒントと静かなスペースを提供してくれたことに対し、お礼を述べたい。とりわけ、前向きな言葉で励ましてくれた Shane Winser に感謝する。

　いつも手を差し伸べてくれた素晴らしい Rhiannon Smith、そして辛抱強く支えてくれた私の友人たち、特に調査と翻訳を手伝ってくれた人々に深く感謝する。最後に私の勇敢な家族たち———いつも輝くような幸せのエネルギーを降り注いでくれる祖母、自分の冒険談を披露して私にヒントをくれる Charlotte、そして、私の心を世界へと開き、どんなときにも自分が一番幸せになれることをすればよいと導いてくれる母と父に、心からの感謝を捧げたい。

PICTURE CREDITS

Alamy (eye35.pix / Alamy Stock Photo) 18–19, (Westend61 GmbH / Alamy Stock Photo) 34–35, (LatitudeStock / Alamy Stock Photo) 47, (Aurora Photos / Alamy Stock Photo) 52, 173 (Gallo Images / Alamy Stock Photo) 61, (Jong Kook Lim / Alamy Stock Photo) 89, (Zoonar GmbH / Alamy Stock Photo) 99, (RooM the Agency / Alamy Stock Photo) 121, (Xinhua / Alamy Stock Photo) 124, (Radharc Images / Alamy Stock Photo) 132 top, (imageBROKER / Alamy Stock Photo) 132 bottom, (Hemis / Alamy Stock Photo) 138–9, 150–1 (robertharding / Alamy Stock Photo) 145 left, (Arterra Picture Library / Alamy Stock Photo) 145 right, (Chris Howarth/South Atlantic / Alamy Stock Photo) 158–9, (LOETSCHER CHLAUS / Alamy Stock Photo) 166–7, (epa european pressphoto agency b.v. / Alamy Stock Photo) 175, (Lars S. Madsen / Alamy Stock Photo) 181, (mauritius images GmbH / Alamy Stock Photo) 184–5, (Andrew Watson / Alamy Stock Photo) 188–9, (age fotostock / Alamy Stock Photo) 193; AP Images 87, 68–9, 103; Getty (Hoberman Collection / Contributor) 15, (Thierry Orban / Contributor) 23, (Mario Tama / Staff) 27, (Smith Collection/ Gado / Contributor) 37, (Majority World / Contributor) 43, (Jonathan Mitchell) 56–7, (Keystone–France / Contributor) 64–5, (Stephen Alvarez) 72, (Barcroft / Contributor) 77, (AFP / Stringer) 81, (DON EMMERT / Staff) 106–7, (Nicolas Fauqué / Contributor) 112–3, (ED JONES / Staff) 117, (VCG / Contributor) 127, (Jean-Erick PASQUIER / Contributor) 162–3, (Wolfgang Kaehler / Contributor) 196–7, (Tim Laman) 200–1; Mr Minton, 154–5; Nature (Hugh Pearson) 143; TopFoto (Photoshot / TopFoto) 31; USFWS (Jonsson, Kayt / USFWS) 94–5.

索 引

あ

アイスリーゼンベルト―32
アイル・テネレ自然保護区―144
アカギツネ―86、136
アカシカ―86
悪魔の島―148
アダックス―144
アドリア海―119
アマゾン―148
アムールトラ―89、103
アムールヒョウ―89
アメリカシロペリカン―94
アラスカ―162
アラビアオオカミ―136
アラビアのロレンス―136
アラブ首長国連邦―136
アリゲーター―125
アンゴラ―195
アンダマン海―67
アンダマン諸島―67
アンテロープ―145
アンナン山脈―50
イエメン―136、171
イエローストーン―36
イエローメランチ―76
イギリス王立植物園―140
イグアナ―125
イナクセシブル島―156
イニニ―148
イノシシ―86
インド―41、67
ウクライナ―84、96
ウルティマ・トゥーレ―152
エクアドル―198
エンデバー川―187
エンプティークォーター―136
オオカミ―102

か

オーストラリア―187
オーストリア―32
オオハシ―125
オオヤマネコ―89、102
オールドスパニッシュトレイル―16
オカバンゴ―195
オジロナギツネ―144
オデッサ―96
オマーン―136

カイマン―56
化学物質―92
火山爆発指数―36
カタコンベ―96
カタトゥンボの雷―122
カナダ―164
カフェクルッベン島―152
ガフサ湖―111
カメルーン―21
カラカル―136
カリフォルニア州―16
間欠泉―36
ガンケルプンスム山―46
韓国―88、114
ガンジス川―41
ガンブルツェフ山脈―27
キエフ―84
北アイルランド―131
キタイワトビペンギン―159
北キプロス・トルコ共和国―81
北センチネル島―67
北朝鮮―88
北ヤクート―101
キバノロ―89
キプロス―80
ギリシャ―80

キリン―145
グアム―62
クズリ―102
グリーンライン―80
グリーンランド―152
クルベラ洞窟―70
クロアチイタチ―95
クロアチア―119
クロツラヘラサギ―89
ケープタウン―174
ケープ植物区保護地域群―174
結晶洞窟―29
ケニヤ―182
ケブカサイ―101
ゲンナーディ・サモキン―70
杭州―126
更新世パーク―101
ゴールドラッシュ―16
国連緩衝地帯―80
コヨーテ―19、95
コロラド州―92
コロンビア―54
コンゴ民主共和国―22

さ

サイ―145
サウジアラビア―136
サソリ―136
サバクゴファーガメ―19
サバクツノトカゲ―19
サハラチーター―144
サンフランシスコ―16
ジェームズ・キャメロン―62
ジェームズ・マーシャル―16
ジェームズ・クック―187
シェラネバダ山脈―16
シカ―95

シベリア―101
ジャガー―54、125
ジャコウウシ―102
ジャック・ピカール―62
ジャブカ―119
シャンベ国立公園―59
ジョージア―70
ジョン・ミューア―160
ジョングレイ平原―59
白ナイル―59
シロミミコブ―59
スーパーボルケーノ―36
スクリューホーンアンテロープ―144
スケルトンコースト―13
スコットランド―84
スッド―59
スペイン艦隊―122
スマトラ島沖地震―69
スンダウンピョウ―76
スンダルバンス―41
世界遺産―158
ゼラフ動物保護区―59
セレナイト―30
銭塘江―126
セントラリア―104
ソウル―88
ソコトラ―171
ソルトレイクシティ―16
ソンドン洞窟―50、53

た

ダイオミード諸島―160
ダウナ・ダマン―14
タヌキ―86
ダリエン地峡―54
ダルマチアベカナヘビ―120
タンチョウヅル―89

チアンアンテロープ……59
チェルノブイリ……84
チャレンジャー海淵……62
中国……126
チュニジア……111
超巨大火山……36
朝鮮半島……88
チリ……24
チワワ……29
チンド……114
ツキノワグマ……89
テ・ウレウェラ……190
泥炭……132
デスバレー……19
テソンドン……88
テネレの木……144
テネレ砂漠……144
デルガド兄弟……29
デンバー……92
ドイツ……84
トゥアレグ……145
ドーハ……136
ドームアーガス……24
トナカイ……102
トリスタン・ダ・クーニャ……156

な

ナイカ鉱山……30
ナイジェリア……22
ナショナル ジオグラフィック……62、68、70
ナミビア……13
南極……24
南極点……27
ニオス湖……21
二酸化炭素……37、21、103
ニジェール……144

日本軍……67
ニュージーランド……190
ネイティブアメリカン……19
ノルウェー……84
ノロジカ……86

は

ハーシェル島……164
ハイイロオオカミ……86
バイソン……95、102
ハクトウワシ……94
パナマ……54
パナミント山脈……18
ハヤブサ……120
パンアメリカンハイウェイ……54
バングラデシュ……41
非武装地帯……88
ヒマラヤ山脈……46
ビャウォヴィエジャ原生林……179
ビル・クリントン……88
ファーニスクリーク……16
ファンガック動物保護区……59
ブータン……46
フェネックギツネ……144
フェルドランス……56
フォン・メルク……34
フォンニャ・ケバン国立公園……50
仏領ギアナ……148
フランス……148
米国……36、62、92、104
ベーリング海峡……160
ベトナム……50
ベネズエラ……122
ヘラジカ……86、102
ベラルーシ……84、179
ベンガルトラ……42
ベンガル湾……67

ペンシルベニア州……104
ボア・コンストリクター……125
ホエザル……125
ポーランド……179
ボストーク基地……24
北極圏……101
ボツワナ……195
ボブキャット……19
ボルネオゾウ……76
ボルネオ島……74

ま

マウンテンライオン……19
マナヅル……89
マブ山……140
マラカイボ……122
マラリア……56
マリアウ・ベイスン……74
マリアナ海溝……62
マルコ・ポーロ……67、172
マレグマ……76
マレーシア……74
マングローブ林……41
マンモス……101
南アフリカ……174
南スーダン……59
南大西洋……156
ミュールジカ……94
ムフロン……80
ムラサキユキノシタ……155
メキシコ……29
メタン……103
メルー国立公園……182
モザンビーク……140
モド（茅島）……114
モハーベ砂漠……19
モリスエサップ岬……152

モンガラガゼル……59

や

ヤクート馬……102
ヤスニ生物圏保護区……198
野生のエルザ……182
ユーコン地方……164
ユーラシアカワウソ……89
ヨーロッパアカザエビ……120
ラアリーマ……131
ラウゲ・コッホ……155
ラムサール条約……59
ランドサット8号……24
ランベルト氷河……27
リュウケツジュ……171
ルブアルハリ砂漠……136
ルワンダ……22
ロアール・アムンゼン……164
ロイヤルベンガルトラ……42
ロシア……84、96、101、160
ロッキーマウンテン・アーセナル国立野生動物保護区……92

わ

ワイオミング州……36

Atlas of Untamed Places

A voyage through our extraordinary wild world
by CHRIS FITCH

© 2017 Quarto Publishing plc.
Text © 2017 Chris Fitch

Chris Fitch has asserted his moral right to be identified as the Author of this Work in accordance with the Copyright Designs and Patents Act 1988.

All rights reserved. No part of this book may be reproduced or utilised in any form or by any means, electronic or mechanical, including photocopying, recording or by any information storage and retrieval system, without permission in writing from Aurum Press.

Map illustrations by Martin Brown

Every effort has been made to trace the copyright holders of material quoted in this book. If application is made in writing to the publisher, any omissions will be included in future editions.

Designed by Ashley Western

Japanese translation rights arranged with
Aurum Press Limited, a subsidiary of Quarto Publishing Plc through Japan UNI Agency, Inc., Tokyo

ナショナル ジオグラフィック協会は、米国ワシントンD.C.に本部を置く、世界有数の非営利の科学・教育団体です。
1888年に「地理知識の普及と振興」をめざして設立されて以来、1万3000件以上の研究調査・探検プロジェクトを支援し、「地球」の姿を世界の人々に紹介しています。
ナショナル ジオグラフィック協会は、これまでに世界41のローカル版が発行されてきた月刊誌「ナショナル ジオグラフィック」のほか、雑誌や書籍、テレビ番組、インターネット、地図、さらにさまざまな教育・研究調査・探検プロジェクトを通じて、世界の人々の相互理解や地球環境の保全に取り組んでいます。日本では、日経ナショナル ジオグラフィック社を設立し、1995年4月に創刊した「ナショナル ジオグラフィック日本版」をはじめ、書籍、DVDなどを発行しています。

ナショナル ジオグラフィック日本版のホームページ
nationalgeographic.jp

日経ナショナル ジオグラフィック社のホームページでは、音声、画像、映像など多彩なコンテンツによって、「地球の今」を皆様にお届けしています。

地の果てのありえない物語
地球最後の秘境45のエピソード

2018年10月2日　第1版1刷

著者	クリス・フィッチ
翻訳者	小野 智子
編集	尾崎 憲和、田島 進
編集協力	能勢 剛（コンセプトブルー）
デザイン	AD：渡邊 民人、D：清水 真理子（TYPEFACE）
制作	朝日メディアインターナショナル
発行者	中村 尚哉
発行	日経ナショナル ジオグラフィック社 〒105-8308 東京都港区虎ノ門4-3-12
発売	日経BPマーケティング
印刷・製本	凸版印刷

ISBN978-4-86313-415-7
Printed in Japan

©2018 日経ナショナル ジオグラフィック社
本書の無断複写・複製（コピー等）は著作権法上の例外を除き、禁じられています。購入者以外の第三者による電子データ化及び電子書籍化は、私的使用を含め一切認められておりません。